Dra. Laura Elena Montes

en colaboración con M. M. Buschbeck

PRIMEROS AUXILIOS PARA NIÑOS

Dra. Laura Elena Montes

en colaboración con M. M. Buschbeck

PRIMEROS AUXILIOS PARA NIÑOS

Una guía para prevenir lesiones y salvarles la vida en caso de accidente

De esta edición:
D. R. © Santillana Ediciones Generales S.A. de C.V., 2004.
Av. Universidad 767, Col. del Valle
México, 03100, D.F. Teléfono (55) 54207530
www.**aguilar**.com.mx

Distribuidora y Editora Aguilar, Altea, Taurus, Alfaguara, S. A.
Calle 80 Núm. 10-23, Santafé de Bogotá, Colombia.
Santillana Ediciones Generales S.L.
Torrelaguna 60-28043, Madrid, España.
Santillana S. A.
Av. San Felipe 731, Lima, Perú.
Editorial Santillana S. A.
Av. Rómulo Gallegos, Edif. Zulia 1er. piso
Boleita Nte., 1071, Caracas, Venezuela.
Editorial Santillana Inc.
P.O. Box 19-5462 Hato Rey, 00919, San Juan, Puerto Rico.
Santillana Publishing Company Inc.
2043 N. W. 87th Avenue, 33172. Miami, Fl., E. U. A.
Ediciones Santillana S. A. (ROU)
Constitución 1889, 11800, Montevideo, Uruguay.
Aguilar, Altea, Taurus, Alfaguara, S. A.
Beazley 3860, 1437, Buenos Aires, Argentina.
Aguilar Chilena de Ediciones Ltda.
Dr. Aníbal Ariztía 1444, Providencia, Santiago de Chile.
Santillana de Costa Rica, S. A.
La Uruca, 100 mts.Oeste de Migración y Extranjería, San José, Costa Rica.

Primera edición: mayo de 2004

ISBN: 968-19-1493-7

D. R. © Diseño de cubierta: Antonio Ruano Gómez
Fotografías de interiores: Raúl González Pérez
Fotografía de portada: © George B. Diebold/CORBIS
Diseño de interiores: Alejandra Romero

Impreso en México.

Índice general

SEGUNDA PARTE

Introducción

CUANDO IMPARTÍA cursos de primeros auxilios descubrí con tristeza que son muchas las personas que, con tal de no preocuparse, prefieren no aprender cómo salvar la vida de sus seres queridos en situaciones de peligro inesperadas. Recuerdo especialmente a una joven alumna, madre de dos hijos, quien a las pocas horas de haber iniciado su curso me dijo que iba a salir por unos papeles y ya no regresó. Cuando le llamé por teléfono para saber qué había pasado, sencillamente respondió: "¿Sabe doctora? Esos temas me ponen muy nerviosa. Prefiero no enterarme."

En esencia, nadie cree que pueda ocurrir un accidente, hasta que ocurre. Y cuando ocurre es demasiado tarde para aprender qué hacer.

Considero que cualquier persona mayor de 16 años debería tener conocimientos básicos sobre primeros auxilios. Sin embargo, la mayoría de nosotros salimos de la escuela preparatoria conociendo la tabla periódica de memoria y podemos despejar complicadas ecuaciones matemáticas, pero sin la más mínima idea de qué hacer en caso de accidente. De ahí la importancia de este libro y de los cursos de primeros auxilios.

¿QUÉ SON LOS PRIMEROS AUXILIOS?

Son acciones que debemos llevar a cabo para ayudar a que el resultado de un accidente sea lo menos lamentable posible.

Los primeros auxilios están muy relacionados con el sentido común. Sin embargo, para aplicarlos adecuadamente es necesario tener conocimientos básicos del funcionamiento del cuerpo humano y de las técnicas y maniobras que se emplean para asistir a una persona lesionada.

13

Los primeros auxilios no sólo se utilizan en situaciones que ponen en peligro la vida, sino también para tratar lesiones simples.

El objetivo de este libro es enseñarte cómo prevenir los accidentes, cómo curar lesiones leves, y cómo actuar adecuadamente en caso de que un accidente grave se presente.

Este libro no **pretende sustituir al médico o paramédico**, sino ser un puente entre el momento en que ocurre el accidente y el tiempo en que tarda en llegar la ayuda profesional. Esto es de especial importancia en las grandes urbes y en los lugares apartados, ya que debido a las distancias, al tráfico vehicular y a los malos sistemas de salud, es común que la ayuda tarde mucho o nunca llegue.

También es importante que tengas en mente que este libro no pretende hacer del lector un especialista en primeros auxilios, pues nadie puede aprender las técnicas con sólo leerlas. Por lo tanto, no puedo hacerme responsable de los errores o daños que cometas por usar mal las técnicas o por falta de experiencia. Para ser realmente competente como auxiliador en caso de urgencia, deberás inscribirte a un curso de primeros auxilios y resucitación cardiopulmonar.

EL MIEDO A LOS ACCIDENTES

Es natural sentir temor ante lo que no conocemos, y desafortunadamente no nos enseñan a familiarizarnos con los accidentes, por mínimos que éstos sean. Desde el jardín de niños, los pequeños aprenden que cualquier lesión, así sea un simple raspón en la rodilla, es algo "misterioso" o incluso "horrible", pues por lo general el niño lastimado es llevado rápidamente a la enfermería para ser atendido fuera de la vista de sus compañeros. He constatado que son pocas las personas que cuando uno de sus hijos se lastima, le explican lo que le está pasando ("te abriste la piel y te está saliendo sangre") y lo que le van a hacer ("ahora voy a lavarte la herida para que no se te infecte. Te va a arder un poco"). No es de sorprender entonces que sean muchas las personas que sienten terror con la sola mención de la palabra "accidente".

Si te encuentras en esta situación, lo más probable es que para este momento tengas ganas de cerrar este libro para siempre. Antes de que lo hagas, déjame darte algunas recomendaciones que te permitirán mitigar tu angustia:

1. No leas este libro pensando en tus hijos.
2. Recuerda que tus hijos están sanos y salvos, y que al leer este libro podrás ser mejor madre o padre para ellos.
3. Cuando leas los procedimientos en los que se explica qué hacer en caso de accidente, imagina que estás aprendiéndolos para ayudar a un desconocido.
4. No pierdas de vista que este libro también te enseñará cómo funciona tu cuerpo y cómo proceder ante lesiones leves, como pueden ser raspones, fiebre, o simplemente la entrada de arena en los ojos.

Como doctora, he visto lesiones simples que se convierten en tragedias porque quienes atendieron al enfermo hicieron (con muy buena voluntad) precisamente lo contrario de lo que debían hacer. Pero también he constatado que el soporte básico de vida y la resucitación cardiopulmonar salvan vidas —muchas vidas— de personas que, en otras circunstancias, habrían muerto en poco tiempo.

POR ÚLTIMO

He tratado de que este libro sea lo más conciso y simple posible. En la primera parte encontrarás información básica sobre anatomía y fisiología humana, reglas de prevención y seguridad, así como una explicación exhaustiva de las principales técnicas que se utilizan en la resucitación cardiopulmonar. Al inicio de la segunda parte encontrarás recomendaciones básicas sobre qué hacer en caso de accidente. A partir de allí, el libro está dividido por temas —hemorragias, golpes, quemaduras, etcétera— y en cada uno de éstos se explican cuáles son los síntomas, qué hacer y qué no hacer. Pese a que el contenido de este libro se enfoca a los niños, las diferentes técnicas y patologías que menciono también aplican para los adultos.

En el último capítulo encontrarás una lista de lo que debes tener en tu botiquín de primeros auxilios.

En la medida de lo posible, he tratado de suprimir la terminología médica —en las últimas páginas encontrarás un glosario en el que explico los términos que, debido a la naturaleza del libro, me fue imposible suprimir.

Te recomiendo leer todo el contenido del libro y dejarlo junto al botiquín de primeros auxilios, para que —de ser necesario— puedas usarlo posteriormente como referencia. Y recuerda siempre consultar a tu médico, este manual no pretende ni puede sustituirlo.

Aunque al terminar de leer este libro tendrás una mejor idea de qué hacer en caso de accidente, te deseo de todo corazón que nunca tengas que usarlo para salvar la vida de tus seres queridos.

L.E.M.

PRIMERA PARTE

CAPÍTULO 1

Conociendo el cuerpo humano

UN CONOCIMIENTO exhaustivo del cuerpo humano requiere muchos años de estudio y no es el objetivo de este libro. Sin embargo, para que puedas llevar a cabo los primeros auxilios es necesario que te familiarices con las funciones básicas del organismo.

Lo primero que debes saber es que el cuerpo manifiesta a través de signos y síntomas su estado de salud. Los signos son aquellos datos que podemos medir, como la temperatura, el pulso y la respiración. Mientras que los síntomas son los datos que el paciente expresa pero que no podemos constatar, como dolor, malestar, mareo, etcétera.

SIGNOS VITALES

Para que puedas reconocer los datos de alarma del cuerpo humano, primero debes saber cuáles son sus rangos fisiológicos normales y cómo medirlos. Aunque existen muchos signos en el cuerpo, los que nos interesan para el aprendizaje de los primeros auxilios son los signos vitales. Estos son: frecuencia respiratoria, frecuencia cardiaca, pulso, presión arterial y temperatura.

Te recomiendo que practiques con tus hijos las diferentes técnicas para medir los signos vitales. Esto por lo general divierte mucho a los niños; además, si practicas con ellos en situaciones normales, sabrás reaccionar mejor ante una emergencia.

19

Frecuencia respiratoria

La frecuencia respiratoria es el número de veces que respiramos por minuto. Un ciclo respiratorio consiste en una inspiración (entrada de aire) y una espiración (salida de aire).

Medir la frecuencia respiratoria es un proceso muy simple que podemos ver, oír y sentir. Este proceso se conoce como VOS y consiste en:

Ver el ascenso y descenso del tórax. Deberás constatar que cuando una persona mete aire por nariz o boca, su pecho sube y cuando lo saca, baja (fotografía 1).

Oír cómo entra y sale el aire. Deberás acercar tu oreja a la nariz y boca o pecho de la persona que estés revisando (fotografía 2).

Sentir la respiración. Esto puedes hacerlo colocando tu mano sobre el pecho de la otra persona (fotografía 3). O también colocando tu mano o mejilla muy cerca de su nariz y boca: las espiraciones se sienten como pequeños soplidos de aire tibio (fotografía 4).

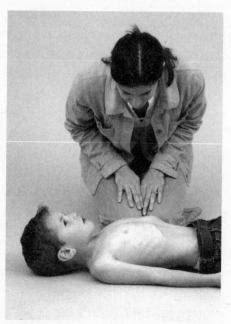

Fotografía 1

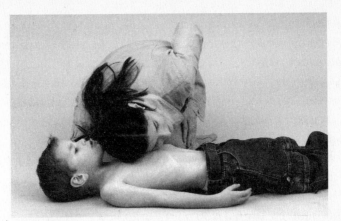

Fotografía 2

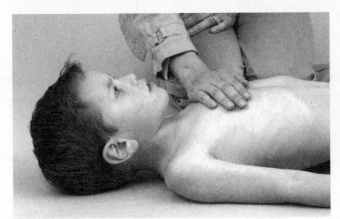

Fotografía 3

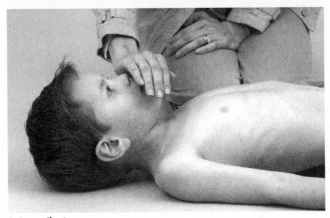

Fotografía 4

La frecuencia respiratoria varía dependiendo de la edad, la actividad física, la composición corporal, el sueño, la vigilia y el lugar de residencia, entre otros factores.

Si quieres medir tu frecuencia respiratoria o la de tus hijos, lo único que necesitas es un reloj con segundero. Recuerda que sólo debes cuantificar las inspiraciones que ocurran durante un minuto; si cuentas inspiraciones y espiraciones estarás contando doble.

Los valores normales de frecuencia respiratoria son los siguientes:

Bebés (de 0 a 12 meses): 40 por minuto, en el recién nacido puede llegar hasta 60 por minuto.

Niños (de 1 a 10 años): 30 por minuto.

Adultos (a partir de los 10 años): 20 por minuto.

FRECUENCIA CARDIACA Y PULSO

La frecuencia cardiaca es el número de veces que el corazón late por minuto. En cada latido el corazón se contrae, expulsando la sangre hacia las arterias; por esta razón, la frecuencia cardiaca también puede medirse a través de las arterias (esto es lo que se conoce como pulso).

Cuando se trata de primeros auxilios, la mejor forma de medir la frecuencia cardiaca es mediante el pulso. Anteriormente la práctica de resucitación cardiopulmonar también incluía valorar el pulso de la víctima, sin embargo, poco a poco se comprobó que se perdía mucho tiempo haciéndolo y actualmente la medición de pulso ya no se utiliza para este fin.

El pulso se toma colocando los dedos índice y medio sobre la piel, en la zona en que la arteria es más superficial (ver fotografías); sabrás que lo has encontrado al sentir en tus dedos un pequeño latido. El pulso no debe tomarse con el dedo pulgar porque al hacerlo podemos confundir nuestro propio pulso con el del paciente. Idealmente deberás contar los latidos a lo largo de un minuto. Sin embargo, en casos de emergencia, deberás contar los latidos durante quince segundos (reloj en mano) y multiplicarlos por cuatro.

Existen varias arterias en las que podemos tomar el pulso: la carótida, la mamaria, la radial y la femoral, entre otras. En un individuo sano, todas las arterias deben tener el mismo pulso.

Las arterias carótidas son de las más cercanas al corazón y su función primordial es llevar la sangre al cerebro. Para tomar el pulso en estas arterias, coloca tus dedos índice y medio en la parte lateral del cuello, ya sea del lado derecho o izquierdo. De la siguiente forma:

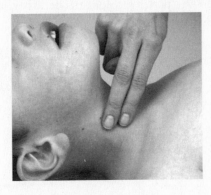

Si no encuentras el pulso, pídele a la persona que gire ligeramente la cabeza hacia el lado en el que están tus dedos.

No palpes las dos arterias carótidas simultáneamente (sobre todo si se trata de niños o ancianos), ya que esto puede hacer que el pulso se vuelva más lento y disminuir la presión arterial.

Las arterias carótidas no deben usarse para tomar el pulso a los niños menores de un año; pues al hacerlo, puedes provocar que su pulso diminuya peligrosamente, provocándoles un desmayo o incluso un paro cardiorrespiratorio.

Si quieres tomarle el pulso a un bebé de menos de un año, deberás localizar la arteria mamaria; la podrás encontrar fácilmente colocando tus dedos por encima del pezón izquierdo:

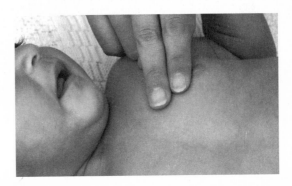

Las arterias carótidas y la mamaria nos sirven para medir el pulso central. Ante una emergencia éste será el pulso que debemos tomar.

El pulso también puede tomarse en la muñeca, lugar dónde la arteria radial se vuelve más superficial. Para hacerlo, divide la muñeca longitudinalmente en tres partes y coloca tus dedos en la línea imaginaria que está bajo el dedo pulgar. De la siguiente manera:

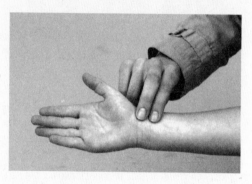

Otros lugares donde podemos tomar el pulso son la ingle (arteria femoral) como está en la fotografía de abajo; detrás de la rodilla (arteria poplítea), en el talón (arteria tibial posterior) y en el dorso del pie (arteria dorsal del pie).

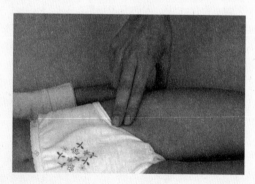

Existen varios factores que modifican la frecuencia cardiaca y el pulso, no obstante, los valores de frecuencia cardiaca normales son los siguientes:

Bebés (de 0 a 12 meses): 160 por minuto, en el recién nacido puede llegar hasta 200 por minuto.

Niños (de 1 a 10 años): 120 por minuto.

Adultos (a partir de los 10 años): de 60 a 80 por minuto.

Presión arterial

La presión arterial es la fuerza que ejerce la sangre sobre las paredes de las arterias y se determina por la fuerza y volumen de la sangre bombeada, así como por el tamaño y flexibilidad de las arterias. La presión se mide con un esfingomanómetro y con un estetoscopio; los resultados se expresan en milímetros de mercurio (mmHg).

La presión arterial de una persona nos indica, entre otras cosas, cómo está funcionando su sistema cardiovascular. En términos generales, una presión arterial alta significa que el corazón tiene que hacer un mayor esfuerzo para mandar la sangre por los vasos sanguíneos, y una presión baja significa que los vasos sanguíneos están muy dilatados y que se requiere de una menor presión para llenarlos de sangre.

Aunque es importante medir la presión arterial de cualquier persona cuando menos una vez al año, no es necesario que aprendas cómo hacerlo. De hecho, la presión arterial es un signo que no es necesario medir para dar primeros auxilios.

No obstante, si alguna de las personas que vive contigo padece del corazón o tiene hipertensión, te recomiendo que aprendas a tomar la presión arterial y cuentes con el equipo necesario.

La presión arterial es regulada directa o indirectamente por el sistema nervioso central, el sistema cardiovascular y el sistema urinario (más adelante abordaremos brevemente estos y otros sistemas del cuerpo humano). Por ahora sólo es importante que sepas que la presión arterial puede variar cuando se presenta un traumatismo, una hemorragia, alteraciones renales u otras patologías.

Temperatura

En un individuo sano, la temperatura corporal es una constante que fluctúa en un rango muy pequeño a pesar de que existan diferencias en la temperatura ambiental o en la actividad física que dicho individuo desempeña.

En el cuerpo humano, el calor se distribuye a través de la circulación sanguínea. Así, cuando existe pérdida de sangre, también baja la temperatura corporal.

La temperatura normal del cuerpo de una persona varía dependiendo de su sexo, de su actividad reciente, su consumo de alimento y líquidos, y de la hora del día.

La temperatura se toma con un termómetro. Los lugares más comunes para medirla son la boca (temperatura oral), debajo del brazo (temperatura axilar), el ano (temperatura rectal), y el oído (temperatura timpánica).

La **temperatura oral** se puede tomar con un termómetro clásico de mercurio o uno digital. Es la forma más conveniente de tomar la temperatura y se conoce como la temperatura estándar del cuerpo.

Para tomarla, debes introducir el termómetro debajo de la lengua del paciente y pedirle que cierre los labios; idealmente se deja el termómetro durante 2 minutos. Los valores esperados son de 36.6 a 37.2 °C.

La **temperatura rectal** se puede tomar con un termómetro rectal de mercurio (son más gruesos que los orales) o uno digital, y tiende a ser de 0.5 a 0.7° C más alta que la temperatura oral. Esta medición es la más rápida y tiende a ser muy exacta por la localización, sin embargo puede ser incómoda.

Para tomarla, debes lubricar el termómetro con lubricante basado en agua (K-J) y pedirle a la persona que puje mientras introduces el termómetro despacio por el ano; no debe entrar más de dos centímetros.

La **temperatura axilar** se toma con un termómetro de mercurio. Esta forma de tomar temperatura es la que toma más tiempo y es la menos exacta (no la recomiendo). Normalmente es 0.4 ° C más baja que la oral.

Para tomarla, coloca el termómetro entre los pliegues de la piel por debajo del brazo y pídele a la persona que no mueva el brazo; deja el termómetro 3 minutos.

La **temperatura timpánica** sólo puede tomarse con un termómetro digital; siempre asegúrate de que esté bien calibrado y de que las baterías no estén bajas.

Para tomarla, pídele a la persona que no se mueva, introduce ligeramente el termómetro por el conducto auditivo externo y oprime el botón para empezar la lectura. Si bien con esta técnica estarás midiendo la temperatura central, tiende a tener muchos errores.

Antes de tomarle la temperatura a alguien, especialmente si es un niño, explícale qué le vas a hacer, pues si no cuentas con la cooperación del paciente el proceso puede tornarse doloroso o el termómetro puede romperse. Nunca dejes a un niño solo con un termómetro. Sacude el termómetro antes y después de cada toma para que el mercurio regrese a la base.

La temperatura corporal es menor al levantarse que al final del día, por lo que ante una enfermedad recomiendo tomarla siempre a la misma hora.

La temperatura puede ser anormal debido a la fiebre (temperatura alta) o a la hipotermia (temperatura baja). De acuerdo con la Asociación Médica Americana, se considera que hay fiebre cuando la temperatura corporal es mayor de 37° C en la boca o de 37.6 ° C en el recto. La hipotermia se define como una disminución de la temperatura corporal por debajo de 35° C.

El organismo humano pierde calor a través de diferentes mecanismos, éstos son: radiación, conducción, convección y evaporación.

La **radiación** depende del gradiente que existe entre la temperatura corporal y la temperatura ambiente. Por ejemplo, en un día cálido, el sol *irradia* calor y nuestro cuerpo gana temperatura. Mientras que en un día frío, nuestro cuerpo *irradia* calor y perdemos temperatura.

La **conducción** es la transferencia de calor por contacto directo. Por ejemplo, cuando una madre abraza a su bebé, le transmite su calor. La conducción también se presenta cuando un cuerpo caliente eleva la temperatura del aire a su alrededor. Por ejemplo, cuando nos desnudamos, transmitimos calor al aire que nos rodea.

La **convección** está muy relacionada con la conducción y se presenta cuando un cuerpo caliente ha elevado la temperatura del aire que lo rodea, dicho aire crea una corriente y se aleja (el aire caliente tiende a subir porque es menos denso que el aire frío). Así, la persona tiene que volver a calentar el aire que la rodea, una y otra vez.

Nos baja la temperatura por **evaporación** de dos formas: a través de la respiración y por los poros de la piel perdemos aproximadamente de 12 a 16 calorías por hora, aunque no nos demos cuenta. La otra forma de evaporación es a través de la sudoración; ésta se presenta cuando la temperatura ambiental es elevada o cuando realizamos alguna actividad física.

Es importante que conozcas las formas en las que el cuerpo puede perder calor, para que sepas qué hacer en caso de que la temperatura corporal aumente (encontrarás más información en la página 205).

Los rangos de temperatura normales son los siguientes:

De 0 a 3 meses: 37.4° C (99.4° F)

De 3 a 6 meses: 37.5° C (99.5° F)

De 6 a 12 meses: 37.6° C (99.7° F)

De 1 a 3 años: 37.2° C (99° F)

De 3 a 5 años: 37° C (98.6° F)

De 5 a 9 años: 36.6° C (98° F)

De 13 años en adelante: 36.6 – 37.2° C (97.8 – 99.1° F)

OTROS SIGNOS

Además de los vitales, existen otros signos que nos pueden ayudar a valorar al paciente. Éstos son la pupila y el estado de conciencia.

PUPILA

En situaciones normales la pupila responde a los estímulos luminosos, contrayéndose ante una fuente de luz (miosis) o dilatándose ante la disminución de luz (midriasis).

Para comprobar el reflejo pupilar de tus hijos necesitas estar en una habitación a media luz y contar con una pequeña linterna. Acerca la luz de la linterna y observa cómo la pupila se contrae; luego aleja la fuente de luz y constata cómo se dilata.

Cuando una persona sufre un traumatismo craneoencefálico grave o un daño neurológico, la pupila deja de responder, por lo que resulta un buen indicador para valorar la integridad neurológica.

ESTADO DE CONCIENCIA

La conciencia es la capacidad de percibirnos a nosotros mismos y aquello que nos rodea. Una persona consciente sabe qué está haciendo y qué planea hacer. La conciencia depende de las sensaciones, especialmente la visual y la auditiva, así como de la memoria y de las experiencias.

Existen distintos niveles de conciencia.

Alerta: Responde inmediatamente a las preguntas, obedece órdenes complejas.

Somnoliento: Confuso y sin interés por el medio que le rodea. Se duerme fácilmente cuando no se le estimula. Obedece solamente órdenes sencillas.

Estuporoso: Duerme cuando no se le estimula. Responde rápida y adecuadamente a estímulos de moderada intensidad.

Estupor profundo: Responde únicamente a estímulos dolorosos prolongados.

Coma: No responde a ningún estímulo, presenta fenómenos de decorticación y de decerebración.

Coma profundo: Flacidez. No responde a ningún estímulo.

Para fines de este libro, únicamente deberás valorar si la persona está consciente o inconsciente.

Ahora que sabes cuáles son los signos vitales y cómo medirlos, ha llegado el momento de practicar. Si tienes hijos pequeños, la mejor manera de hacerlo es jugando con ellos al doctor: tómales la temperatura, el pulso y cuenta sus respiraciones; después permite que ellos hagan lo mismo contigo (aunque se equivoquen). Hazlo una y otra vez hasta que aprendas a localizar el pulso rápidamente y te acostumbres a percibir los movimientos respiratorios.

A los niños de entre seis y diez años les divierte mucho llevar una estadística de su frecuencia cardiaca y respiratoria. Cuando estén relajados, enséñales a tomarse el pulso y a contar sus respiraciones. Anota los resultados en una hoja de papel. Hazlos caminar durante 5 minutos y repite el proceso. Por último haz que corran y comparen los resultados.

Si tienes hijos adolescentes, enséñales las técnicas que has aprendido con la misma seriedad con la que les enseñarías a conducir un automóvil. Y también practica con ellos las posiciones de resucitación cardiopulmonar que veremos más adelante.

Recuerda que lo importante es familiarizarte con los procedimientos, y que la mejor manera de hacerlo es *jugando*.

Esta es una tabla que incluye los signos vitales normales en los distintos grupos de edad. Te servirá como referencia en caso de emergencia.

	Signos vitales en el lactante (de 0 a 12 meses)	Signos vitales en el niño (de 1 a 10 años)	Signos vitales en el adulto (de 10 años en adelante)
Pulso	160 por minuto, en el recién nacido puede llegar hasta 200 por minuto.	120 por minuto.	60 a 80 por minuto.
Frecuencia cardiaca	160 por minuto, en el recién nacido puede llegar hasta 200 por minuto.	120 por minuto.	60 a 80 por minuto.
Frecuencia respiratoria	40 por minuto, en el recién nacido puede llegar hasta 60 por minuto.	30 por minuto.	20 por minuto.
Presión arterial	90/60 mmHg, aunque normalmente no se mide.	90/70 mmHg.	120/80 mmHg.
Temperatura	37-37.6° C.	36.8-37.2° C.	36.5-37.3° C.

ANATOMÍA Y FISIOLOGÍA BÁSICA

En este apartado analizaremos brevemente cómo funciona el cuerpo humano. Trataré de presentarte la información de la manera más simple y concisa posible, pues para ayudar a una persona en caso de accidente, es necesario que tengas una idea general de cómo funciona su organismo.

La anatomía (del griego *anatome*, "disección") es la rama de las ciencias naturales que estudia la estructura de los seres vivos. La comprensión adecuada de la estructura implica un conocimiento de la función de los organismos vivos. Por consiguiente, la anatomía casi siempre va de la mano de la fisiología y en ocasiones reciben el nombre de anatomía funcional.

Para facilitar su estudio, el cuerpo humano ha sido dividido por sistemas. Un sistema es el conjunto de órganos y tejidos que actúan conjuntamente para llevar a cabo una función.

A continuación explicaré brevemente los sistemas, mencionando únicamente los datos que son relevantes para los primeros auxilios.

EL SISTEMA NERVIOSO

Este sistema es uno de los más complejos. Está encargado de controlar, coordinar y monitorear las acciones del cuerpo. Manda información del sistema nervioso central a la periferia y recolecta información de los demás sistemas para procesarla e interpretarla en el cerebro.

El sistema nervioso se divide en somático, que efectúa el control voluntario sobre los músculos esqueléticos. Y autónomo, que es involuntario y controla el músculo liso, el músculo cardiaco y las glándulas. Los movimientos pueden ocurrir también como respuesta directa a un estímulo externo; por ejemplo, la percusión sobre la rodilla desencadena una sacudida y un destello de luz sobre un ojo provoca la contracción de la pupila. Estas respuestas involuntarias se llaman reflejos.

Los receptores son diversas terminaciones nerviosas que envían de forma continua impulsos hacia el sistema nervioso central. Hay tres tipos de receptores: los exteroceptores que son sensibles al dolor, a la temperatura, al tacto, a la presión y, en general, a cualquier estímulo que provenga del exterior pero que se encuentre en contacto con el cuerpo; los interoceptores, que reaccionan a cambios en el medio interno, y los propioceptores, que responden a variaciones en el movimiento, la posición y la tensión, y suelen estar localizados en los músculos. Estos impulsos finalizan en algunos casos en la médula espinal y, en su mayoría, en áreas especiales del cerebro, de la misma forma que los receptores especiales de la visión, la audición, el olfato y el gusto.

EL SISTEMA NERVIOSO Y LOS PRIMEROS AUXILIOS

La importancia de este sistema radica en su relación con otros. Así, cuando una persona ha sufrido daño en el sistema nervioso, éste se manifestará a varios niveles, empezando por la pérdida del estado de conciencia, que es la capacidad que tenemos de estar alertas a lo que sucede en nuestro medio ambiente. Dependiendo del daño o nivel de la lesión tendremos distintas manifestaciones, como reflejos aumentados o disminuidos, pérdida de la sensibilidad, descontrol del ritmo cardiaco o respiratorio, descontrol de esfínteres o de los movimientos corporales.

El sistema respiratorio

Es el que se encarga de la respiración y está compuesto por la vía respiratoria superior: nariz, faringe y tráquea, así como por la vía respiratoria inferior: bronquios, pulmones y alvéolos. La respiración se efectúa gracias a la expansión (inspiración) y contracción (espiración) de los pulmones; el proceso y la frecuencia de la respiración están controladas por el sistema nervioso central. Los cambios en el tamaño y capacidad del tórax están controlados por la contracción del diafragma y de los músculos intercostales.

El aire entra a los pulmones y de ahí pasa a los millones de alvéolos que tenemos. Los alvéolos son unas membranas en forma de saco por las que pasa el oxígeno a la sangre y el dióxido de carbono a las vías respiratorias. La hemoglobina (una proteína de la sangre) es la encargada de llevar el oxígeno mediante la circulación; cuando la hemoglobina lleva oxígeno tiene un color rojo brillante mientras que cuando no lo lleva obtiene un color vino. Por esta razón, la coloración de la piel nos permitirá saber si a una persona le falta oxígeno, en cuyo caso se pondría morada.

El sistema respiratorio y los primeros auxilios

Probablemente éste sea el sistema más relacionado con la resucitación cardiopulmonar (una de las técnicas que veremos más adelante), ya que sin respiración no hay vida.

El cuerpo necesita oxígeno para llevar a cabo prácticamente todas sus reacciones. Cuando hay una alteración en el sistema respiratorio —ya sea por un golpe directo a los pulmones, un golpe en el centro de la respiración, asfixia, ahogamiento o alteraciones que influyan sobre el sistema nervioso central—, la reacción del cuerpo será dejar de respirar.

La finalidad de la resucitación cardiopulmonar es "respirar" por la persona lesionada mientras su cuerpo vuelve en sí.

La vía respiratoria en su parte superior conecta por atrás la nariz con la boca, por eso, al dar respiración artificial siempre debemos:

1) Cerrar bien los orificios nasales y sellar bien la boca o, 2) Hacer un sello completo en la nariz y boca del paciente. De lo contrario el aire se fugaría y no llegaría hasta los pulmones.

Los pulmones están protegidos por la caja torácica, que está formada por el esternón y las costillas.

El apéndice xifoides es la parte final del esternón (hueso plano del pecho al que se le unen las costillas). Este punto será de referencia a lo largo del libro.

Siguiendo la línea de tu última costilla hacia el centro, encontrarás un ángulo; inmediatamente por encima de éste tienes el apéndice xifoides.

EL SISTEMA CIRCULATORIO

El sistema circulatorio o cardiovascular está formado por el corazón y una red de vasos que transportan la sangre por el cuerpo.

El corazón es una bomba con cuatro cavidades, el lado derecho se encarga de bombear la sangre "sucia" a los pulmones para que ahí sea oxigenada, mientras que el lado izquierdo del corazón bombea la sangre "limpia" a todos los sistemas.

Los vasos sanguíneos están compuestos por arterias, que llevan sangre oxigenada del corazón a los diferentes órganos y tejidos; venas, que llevan sangre desoxigenada del cuerpo al corazón; y capilares, donde se hace el cambio de oxígeno por dióxido de carbono.

Para asegurar la llegada de oxígeno a todas las células, el corazón debe bombear de una forma rítmica y continua, aproximadamente 5 litros de sangre en un minuto.

EL SISTEMA CIRCULATORIO Y LOS PRIMEROS AUXILIOS

Este sistema también guarda una estrecha relación con la resucitación cardiopulmonar.

Cuando hay alteraciones cardiacas —ya sea por una falla intrínseca, por una lesión, por intoxicación o por pérdida masiva de sangre— la bomba del corazón puede disminuir su función o cesarla por completo. De tal suerte que deja de llegar sangre suficiente a los diferentes órganos y éstos empiezan a sufrir isquemia; el cuerpo es tan "inteligente" que manda más sangre al cerebro y al propio corazón, limitando la cantidad de sangre que llega a la piel, músculos y vísceras.

Debes saber que el corazón se encuentra en un área llamada mediastino —el lado izquierdo de la cavidad torácica— por eso, al comprimir el esternón estaremos comprimiendo el corazón. Esto se hace con el fin de seguir bombeando la sangre de forma extrínseca.

EL SISTEMA MÚSCULO-ESQUELÉTICO

Este sistema está compuesto por los huesos y los músculos que actúan conjuntamente.

LOS MÚSCULOS

Los músculos están involucrados en todo tipo de movimiento, son los responsables de movimientos obvios, como correr, pero también de aquellos que no vemos, como la contracción del corazón, la propulsión del alimento por el sistema digestivo, o el aumento o disminución del diámetro de la pupila. Estas contracciones musculares están controladas por el sistema nervioso.

LOS HUESOS

El esqueleto humano está formado por más de 200 huesos unidos mediante bandas de tejido resistente, llamadas ligamentos. Las distintas partes del cuerpo varían mucho en su grado de movilidad. Por ejemplo, el brazo a la altura del hombro se mueve libremente, mientras que la articulación de la rodilla se reduce a un movimiento de bisagra. Los movimientos de cada vértebra son muy limitados y los huesos que forman el cráneo son fijos. Los movimientos de los huesos del esqueleto se llevan a cabo gracias a las contracciones de los músculos esqueléticos que se unen a los huesos a través de tendones.

Es importante que sepas que los huesos alojan a la médula ósea, que es la encargada de producir la sangre, es decir los glóbulos rojos, las plaquetas y la mayoría de los glóbulos blancos.

EL SISTEMA MÚSCULO-ESQUELÉTICO Y LOS PRIMEROS AUXILIOS

Cuando el cuerpo está sufriendo un daño —dolor, lesión o pérdida de sangre— el sistema nervioso manda señales a los músculos. Dependiendo del daño, los músculos pueden contraerse o relajarse. Por ejemplo, en casos de deshidratación o ciertas intoxicaciones, puedes encontrar músculos muy rígidos; y en casos de golpes severos en la columna o intoxicación por alcohol, los músculos estarán muy flácidos.

Como el sistema músculo-esquelético no es vital, ante una pérdida de sangre el cuerpo echa a andar mecanismos para irrigar más sangre al cerebro, quitándole sangre a los músculos. Por ello dejan de responder o se vuelven muy pálidos.

Cuando hay una fractura, ésta puede lesionar los músculos, los vasos, los nervios y la piel que está alrededor de ella. Independientemente de esta lesión, cualquier fractura produce una hemorragia ósea (los huesos sangran). Es importante saber esto pues, por ejemplo, ante una fractura de pelvis el individuo puede llegar a perder hasta 750 mililitros de sangre, lo cual representaría una hemorragia interna grave que pone en peligro su vida.

EL SISTEMA TEGUMENTARIO

También conocido como piel. Aunque no lo creas éste es un sistema importantísimo ya que es el más extenso del cuerpo. En un adulto mide casi dos metros cuadrados y pesa aproximadamente tres kilos.

Está compuesto por la piel (epidermis, dermis, tejido subcutáneo, nervios y vasos), las glándulas sebáceas, sudoríparas y apócrinas, y las uñas.

Su principal función es proteger al cuerpo de la perdida de agua, así como regular su temperatura. También lo protege de las lesiones, del calor, del frío y de las infecciones.

El sistema tegumentario es un órgano sensorial, es decir manda información del medio ambiente al cerebro.

EL SISTEMA TEGUMENTARIO Y LOS PRIMEROS AUXILIOS

La piel es un buen indicador para saber qué está sucediendo con el cuerpo. Por ejemplo, si encontramos a una persona con la piel morada (cianosis) sabremos que no está recibiendo suficiente oxígeno, o si encontramos a una persona con pilo erección, temblor y sudoración fría sabremos que tiene una alteración en la temperatura corporal.

EL SISTEMA DIGESTIVO

Los alimentos aportan la energía necesaria para el mantenimiento y funcionamiento adecuado del organismo. El aparato digestivo se encarga del procesamiento de los alimentos para tener un mejor aprovechamiento.

Este sistema está compuesto por la boca, el esófago, el estómago, los intestinos, el recto, el páncreas, el hígado y la vesícula biliar.

Dentro de sus funciones están digerir y absorber los nutrientes; estas funciones están controladas por el sistema nervioso y el hormonal.

El sistema digestivo y los primeros auxilios

Debes saber que los alimentos permanecen en el estómago tres horas antes de pasar al intestino. Es importante saber esto porque cuando una persona tiene el estado de conciencia alterado y acaba de comer, tiene riesgo de vomitar y de que el vómito se le vaya a los pulmones (bronco aspirar), ocasionando así alteraciones en la respiración. Y también porque cuando alguien ha ingerido alguna sustancia venenosa, si no se le induce el vómito o se le lava el estómago, seguirá absorbiéndola tres horas después de haberla tomado.

También debes saber que el intestino grueso se encarga de absorber agua, por eso, ante la presencia de diarrea es importantísimo hidratar a la persona.

El sistema urinario

Este sistema se encarga de eliminar agua y sustancias que el cuerpo no necesita. Está compuesto por los riñones, los uréteres, la vejiga, la uretra y, en el hombre, la próstata.

Los riñones funcionan de manera similar a un sistema de tuberías, filtrando, reabsorbiendo y eliminando el agua y otras sustancias. Cuando una sustancia no es aprovechable para el cuerpo, el riñón se encarga de producir orina, la cual pasa por los uréteres, se almacena en la vejiga y finalmente sale por la uretra.

El riñón también se encarga de estimular la producción de los glóbulos rojos.

El sistema urinario y los primeros auxilios

Cuando una persona se está deshidratando, el riñón, en su afán de reabsorber agua, deja de producir orina. De tal manera que la ausencia de orina es un indicador claro de deshidratación.

Ante un golpe fuerte en la espalda baja o la pelvis se puede lesionar este sistema y una de las manifestaciones es sangre en la orina, esto siempre necesitará ser tratado como una urgencia. La presencia de sangre en orina también puede ser indicador de infección.

EL SISTEMA INMUNOLÓGICO

Está encargado de defender al cuerpo de proteínas extrañas y microorganismos infecciosos; cuando funciona adecuadamente es capaz de reconocer una parte del microorganismo invasor y atacarlo. El sistema inmunológico está compuesto por células y por una red de vasos y ganglios linfáticos. Los agentes invasores atacan todo el tiempo a cualquier persona y generalmente existe un equilibrio entre éstos y las células de defensa.

EL SISTEMA INMUNOLÓGICO Y LOS PRIMEROS AUXILIOS
Existen situaciones —como el estrés, algunas enfermedades, la pérdida de continuidad de la piel, los primeros meses de vida y la vejez— en las que somos más propensos a infecciones por lo que hay que tener especial cuidado.

EL SISTEMA ENDOCRINO

Además de la acción integradora del sistema nervioso, las glándulas endocrinas controlan varias funciones del organismo. El sistema endocrino es el sistema regulador por excelencia y está compuesto por glándulas y hormonas. Las glándulas son las encargadas de secretar a las hormonas, que son sustancias que viajan por la sangre estimulando o inhibiendo diversas reacciones del cuerpo, como la cantidad de glucosa en la sangre, el metabolismo y muchas más.

EL SISTEMA ENDOCRINO Y LOS PRIMEROS AUXILIOS
Aunque las hormonas naturalmente se autorregulan, existen drogas o sustancias que estimulan la producción excesiva de alguna hormona, dando como resultando una reacción exagerada por parte del cuerpo.

Por ejemplo, la adrenalina es una sustancia que se secreta ante situaciones de estrés o traumatismo. La rápida reacción que la mayoría de las personas tienen en caso de emergencia (por ejemplo, una madre que lleva cargando a su hijo de 15 años al hospital y después no puede explicarse cómo lo logró) es gracias a la adrenalina.

PREVENCIÓN Y SEGURIDAD

Este tema no forma parte de los primeros auxilios, pero decidí incluirlo porque estoy convencida de que la mayoría de los accidentes que sufren los niños *pueden ser prevenidos*.

Te espantaría saber cuántas veces he oído en boca de madres preocupadas por la salud de sus hijos frases como: "Nunca dejo la comida en la lumbre, pero…", "siempre se pone el cinturón de seguridad, pero hoy…", "nunca antes le había dado permiso de…" Desafortunadamente los accidentes ocurren en el momento menos esperado. Así, a lo largo de mi experiencia profesional he descubierto que cuando se trata de prevención y seguridad existe una regla de oro: **No hacer excepciones. Nunca.**

Las normas que encontrarás a continuación se basan en el sentido común, por lo que muchas de ellas te resultarán familiares. No obstante, es posible que descubras que, para hacer de tu casa un espacio seguro, tendrás que mover algunas cosas de lugar, desechar otras o cambiar hábitos de conducta profundamente arraigados. Quizá incluso debas hacer algunos gastos, como comprar un extintor o llamar al electricista. Sé que los cambios no siempre resultan fáciles, pero con un poco de tiempo y paciencia, podrás hacer de tu casa un hogar seguro.

Es importante que no asumas *toda* la responsabilidad de la seguridad en tu hogar, sino que les enseñes a tus hijos, a tu pareja y a las personas que trabajan contigo qué es lo que deben y no deben hacer. Acostumbra a tus hijos desde pequeños a asumir las consecuencias de sus actos[1] y a responsabilizarse de su propia seguridad. Siempre explícales por qué está prohibido hacer determinadas cosas ("si te metes o te caes a la alberca, te puedes ahogar. Por eso está prohibido nadar o jugar

---

[1] Si te interesa este tema, te recomiedo el libro *Niños autosuficientes* de Elisa Medhus. Editorial Aguilar, México, 2003.

cerca de la alberca cuando no estoy contigo"). No temas asustarlos, un niño que sabe *precisamente* qué puede pasarle tiende a ser más cuidadoso.

Seguridad en el hogar

Las siguientes son reglas generales de seguridad en el hogar. Están pensadas para hogares con niños pequeños y bebés. Más adelante encontrarás las reglas que aplican para cada habitación, así como recomendaciones específicas para el cuidado de lactantes.

Generalidades

- Asegúrate de que todas las puertas y ventanas abran adecuadamente. Esto es de vital importancia, ya que si una ventana está oxidada y no corre, o si la cerradura de una puerta se atora, nadie podrá salir de tu casa durante una emergencia.
- Verifica que tu casa cuente con por lo menos dos salidas o vías de escape.
- Compra un extintor, aprende a usarlo y *cuida que siempre esté cargado*. Es mejor que compres un extintor de halógeno, aunque son más caros, sólo necesitarás recargarlos una vez cada cinco años. Si tu casa es muy grande, es probable que requieras varios extintores.
- También recomiendo que todos los hogares estén equipados con al menos un detector de humo. Los detectores de humo deben colocarse en cada nivel de la casa y próximos a cada dormitorio. Lo mejor es colocarlos en el cielo raso (techo interior) al centro de la habitación; no obstante pueden colocarse sobre la pared, dejando una separación de cuando menos quince centímetros entre el cielo raso y la parte superior del detector.
- Guarda cerca de tu cama una linterna cargada para usarla en caso de emergencias.
- Mantén los teléfonos accesibles y cerca de una fuente de luz, esto te permitirá hacer llamadas en caso de emergencia.
- Guarda los rifles, revólveres y municiones en un lugar seguro y fuera del alcance de niños y jóvenes. Las armas de fuego deben guardarse descargadas y las municiones deberán disponerse en otro armario, ambos armarios deberán estar cerrados con llave.

- Si cuentas con piscina, coloca una puerta con llave para que los niños no puedan acercarse a ella. Lo mismo si tienes fuente.
- Revisa que tu cisterna cuente con tapadera y esté cerrada con candado. Lo mismo si hay un pozo en tu casa.
- Una vez al año, contrata un especialista para que inspeccione la instalación gruesa de la casa (los conductos de agua y gas, y la instalación eléctrica).
- Si cuentas con un sistema de calefacción general, hazlo revisar por un especialista una vez al año o en las temporadas muy frías.
- Si cuentas con un sistema de aire acondicionado, deberás cambiarle los filtros con regularidad y revisarlo una vez al año.
- Si tienes chimenea, es importante que cuente con un protector de metal pesado, de preferencia fijo. Los niños naturalmente se sienten muy atraídos por el fuego y las rejas impiden que entren en contacto directo con él. De cualquier forma, nunca permitas que tus hijos estén solos frente a la chimenea encendida.
- No intentes quemar basura en la chimenea. Ocupa únicamente leña.
- Cuando limpies tu chimenea, coloca las cenizas en una bolsa de plástico bien cerrada. De preferencia limpia las chimeneas cuando los niños no estén en casa, ya que las cenizas pueden dañar sus pulmones. Es mejor que esta tarea la realice un deshollinador, pero de no ser posible, siempre utiliza un cubre bocas grueso o una máscara antigases.
- Es peligroso usar químicos para encender el fuego de parrillas o chimeneas, pues estos son altamente inflamables y muy peligrosos para los niños.
- No dejes velas, quinqués o cigarros encendidos olvidados. Un alto porcentaje de los incendios domésticos son provocados por cigarros prendidos o colillas mal apagadas, además de que los niños pueden quemarse.
- No fumes en la cama.
- No enciendas mecheros ni fumes cerca de combustibles o líquidos inflamables.
- Si detectas un ligero olor a gas, cierra la llave de paso y llama a la compañía de gas.
- Si el olor a gas es intenso, evacúa la casa inmediatamente (de ser posible, cierra antes las llaves de paso), avisa a tus vecinos y llama a los bomberos o al número de emergencia de tu localidad.

- Si tienes calentador de gas, asegúrate de que esté instalado en un lugar con muy buena ventilación. Si tu calentador está en un lugar peligroso, no lo dudes: invierte algo de dinero y cámbialo de lugar (incluso si estás rentando la casa).
- Al comprar un calentador de gas, asegúrate de que el suministro de gas se corte automáticamente al apagarse el piloto. De lo contrario dejará salir gas y puede explotar.
- Para prender el calentador, siempre enciende primero un cerillo o el mechero, sólo después abre la salida del gas. Nunca prendas el calentador cuando los niños estén cerca.
- Localiza dónde están las válvulas principales de agua y gas, y márcalas, así podrás cerrarlas con facilidad en caso de una emergencia.
- Marca los interruptores generales de energía eléctrica y las cajas de fusibles para identificar qué circuitos protegen.
- Tanto las válvulas de agua y gas como los interruptores generales de energía eléctrica (*breakers*) deben estar en lugares accesibles: evita obstruirlos con muebles o adornos. Es importante que tus hijos adolescentes y las personas que trabajan en tu casa también sepan dónde se localizan los interruptores y las llaves de paso, y cómo operarlas.
- Antes de cambiar un fusible, desconecta el aparato que provocó que se fundiera y baja la palanca para interrumpir la energía eléctrica. Si no sabes nada de electricidad, contrata a un electricista calificado y pídele que te explique dónde está la caja de fusibles y cómo operarla. De preferencia instala fusibles de 15 amperes.
- Si un aparato botó la caja de fusibles, es importante llevarlo a revisión. Lo mismo aplica cuando un aparato ha echado chispas.
- Verifica que la instalación eléctrica de tu casa cuente con tierra física. Aunque en Latinoamérica es común que las casas habitación no cuenten con ella, es recomendable instalarla.
- No dejes que la instalación eléctrica de tu casa esté en manos de personas no calificadas. Casi cualquiera puede poner un interruptor o hacer una pequeña reparación eléctrica, pero no escatimes: cuando se trata de electricidad, lo barato no sólo sale caro, puede ser mortal.
- Evita usar demasiada carga eléctrica en una sola conexión. Los "ladrones" de cinco o seis entradas nunca son recomendables.

- Usa circuitos independientes para instalar un aparato de sonido o una televisión con sistema de sonido ambiental. Esto con el fin de evitar sobrecargas y quemar éstos u otros aparatos.
- Sustituye inmediatamente cualquier cable dañado o corroído.
- Verifica que haya buena ventilación en el lugar donde los niños ven la televisión. Si tu televisor es de los que se encienden automáticamente a cierta hora, desconéctalos siempre que salgas de tu casa.
- Asegúrate que todos los aparatos eléctricos que adquieras lleven una etiqueta con las siglas UL[2].
- Nunca pases cables eléctricos por debajo de los tapetes o de las puertas, ya que fácilmente pueden romperse y provocar un incendio.
- Al instalar una alfombra, ten cuidado de no perforar los cables. Es mejor que éstos queden dentro de una canaleta de PVC.
- Asegúrate de que los tapetes estén adheridos al suelo (existen cintas adherentes y carpetas plásticas antiderrapantes diseñadas especialmente con este fin). Esto es especialmente importante pues los niños suelen correr hasta en los lugares en los que les está prohibido, y si el tapete se desliza, pueden sufrir no sólo una caída, sino un accidente grave.
- Evita dejar estorbos en la casa, sobre todo por la noche y en el cuarto de los niños.
- Guarda las cosas que uses diariamente a un nivel entre la altura de tus caderas y el nivel de tus ojos.
- Las cosas que casi no uses, guárdalas por encima de tu cabeza, pero siempre usa un taburete estable para alcanzarlas.
- Evita que las cosas que estén guardadas a nivel del suelo o por debajo de tus caderas sean peligrosas o tóxicas, pues éstas son las cosas que los niños sacan con mayor facilidad.
- Guarda cualquier producto que pueda ser peligroso y las medicinas fuera de la vista y del alcance de niños. Mejor aún: resguárdalas bajo llave.
- Sólo guarda los productos en sus contenedores originales.
- Lee con atención y haz caso de cualquier advertencia que venga en los productos que compras.

---

[2] Underwriters Laboratories Inc. (UL) es una organización independiente y no lucrativa que, desde 1884, se dedica a evaluar, probar y certificar los aparatos eléctricos en cuanto a su seguridad.

- Siempre guarda los productos inmediatamente después de usarlos.
- Nunca cambies los materiales venenosos, las medicinas, la gasolina u otros líquidos inflamables de su envase original. Etiqueta adecuadamente el contenido de todo envase. Y sobre todo, jamás uses envases de refrescos o alimentos para guardar sustancias peligrosas.
- Jamás les digas a tus hijos que las medicinas son dulces. Un niño que crece creyendo que las medicinas son dulces, tiene más posibilidades de sufrir intoxicación o incluso muerte por envenenamiento.
- No te tomes las medicinas frente a tus hijos. Recuerda que los niños copian todo lo que ven.
- Prefiere los jarabes y medicinas sin saborizantes. Actualmente la mayoría de los laboratorios médicos agregan sabores artificiales a sus productos; si bien esto facilita la tarea de darles la medicina a los niños, el beneficio no vale la pena, pues el riesgo de que puedan ingerirlas accidental o premeditadamente se incrementa enormemente. Es difícil que un niño se beba una botella de aceite de hígado de bacalao, pero ¿qué tal esos deliciosos jarabes para la tos?
- No suministres aspirinas a niños menores de ocho años.
- Utiliza contenedores que cuenten con tapas a prueba de niños. Pero ni aún así los dejes a su alcance.
- Recuerda que las plantas y las flores pueden ser venenosas.

PRODUCTOS DOMÉSTICOS QUE PUEDEN SER VENENOSOS

En la cocina

—Destapa-caños y limpiadores para el desagüe.
—Lustra-muebles.
—Limpiador de hornos.
—Sosa cáustica.
—Detergente lavaplatos.
—Amoniaco.
—Polvo o líquido para limpiar y pulir metales.

—Desengrasantes o productos para remover cochambre.
—Pastillas y jarabes para el dolor.
—Todos los medicamentos.
—Limpiadores de alfombra y tapicería.
—Bebidas alcohólicas.
—Blanqueador.
—Vitaminas.

En el dormitorio

—Medicinas para dormir.
—Tranquilizantes.
—Otros medicamentos.
—Desmaquillantes y cremas.
—Cosméticos.
—Perfumes y colonias.
—Loción para después de afeitarse.

En el sótano, ático y armarios diversos

—Veneno para ratas.
—Veneno para hormigas.
—Insecticidas en aerosol.
—Naftalina o alcanfor.

En el cuarto de lavado

—Blanqueador.
—Jabón y detergentes.
—Desinfectantes.
—Tintas.
—Suavizantes.
—Toallas de olor para la secadora.

En la cochera

—Queroseno.
—Pesticidas.
—Gasolina.
—Fluido para recargar encendedores.
—Trementina.
—Productos para quitar la pintura y disolventes.
—Anticongelante, líquido para frenos y demás productos automotrices.
—Cal.
—Pintura.
—Impermeabilizante.
—Herbicidas.
—Fertilizantes.
—Tíner, benceno y demás líquidos corrosivos.

En patios y otras habitaciones

—Plantas.
—Pintura descascarada.
—Juguetes que se repintaron.
—Pedazos de yeso.
—Bebidas alcohólicas destiladas.

En el baño

—Medicinas.
—Lejía.
—Desinfectantes.
—Productos de limpieza.
—Champú y productos para el cabello.
—Esmalte de uñas y quita esmalte.
—Acetona.
—Loción para después de afeitarse.
—Odorizantes.
—Aceite para el baño o aceite de pino.
—Alcohol.
—Gotas para los ojos.
—Jalea para el pelo.

- Siempre desconecta los electrodomésticos (el tostador, la licuadora, el horno, etcétera) cuando no los estés usando.
- Mantén el horno, la estufa, y la campana muy limpias y libres de grasa. Esto es difícil pero muy importante, pues el exceso de grasa es inflamable y puede causar accidentes.
- Evita utilizar productos de limpieza inflamables en cualquier área de tu casa, pero sobre todo cerca o dentro de la estufa, del horno o de cualquier aparato eléctrico o de gas.
- Si tienes cortinas en la cocina, átalas muy bien cuando estés cocinando para que no se incendien. Es recomendable sustituir las cortinas por vidrios opacos.
- Ten cuidado de no verter agua en los quemadores eléctricos o en los que funcionan con cera líquida.
- Si tiras agua o grasa al piso, límpiala inmediatamente. Un "resbalón" sobre el piso de la cocina puede ocasionar fracturas o quemaduras graves.
- Si tienes niños, siempre usa los quemadores de atrás. A los niños les causa mucha curiosidad saber qué hay en las cazuelas y pueden tirárselas encima.
- Siempre coloca las ollas, sartenes y cazuelas con las agarraderas hacia atrás. Así evitarás que se atoren en la ropa o que los niños las jalen.
- No cocines con blusas que tengan largos holanes ni volantes en las mangas, pues fácilmente pueden prenderse.
- Las puertas y los cajones de la cocina deben estar cerrados.
- Coloca los cuchillos filosos en una zona que el niño no pueda alcanzar ni abrir. Es preferible que los cuchillos se guarden en un porta cuchillos de madera. Ya que si se cuelgan o se guardan en un cajón, se incrementa el riesgo de cortaduras.
- Los insecticidas y productos de limpieza deben guardarse en lo alto (pero no por encima de la cabeza) e idealmente bajo llave. Esto aplica en cualquier lugar de la casa.
- No metas artefactos de metal en el horno de microondas.
- Si los alimentos dentro del microondas llegaran a incendiarse, apágalo pero no lo abras. El horno de microondas tiene poco oxígeno dentro y al cabo de un rato el fuego se apagará.

- Mantén las bolsas de plástico, los globos o cualquier otro artículo pequeño o de plástico fuera del alcance de los niños. Jamás permitas que tus hijos metan la cabeza en bolsas de plástico.

EL SÓTANO, LA COCHERA Y EL ÁREA DE LAVADO
- Instala cerrojos de seguridad en estas áreas. Es mejor que los niños no puedan ingresar en ellas.
- No uses gasolina ni benceno para fines domésticos.
- Evita guardar periódico o cualquier otro material inflamable en las habitaciones mencionadas. Guarda el periódico en un sitio seco y lejos de aparatos eléctricos o instalaciones de gas.
- De preferencia no guardes pintura, solventes, gasolina o cualquier otro producto inflamable en casa. Si en tu familia no hay carpinteros, ebanistas, químicos o cualquier otro profesional que los use cotidianamente, lo más probable es que no los necesites. Si por alguna razón necesitas conservarlos (y no se vale decir que los "necesitas" sólo porque a lo mejor los usas una vez en cinco años), guárdalos en contenedores de metal, con una tapa hermética que evite escurrimientos y lejos de cualquier fuente de energía o calor —calentadores, lavadoras, secadoras, etcétera.
- Es importante que el área de trabajo esté bien iluminada y ventilada. Es muy recomendable tener un extintor en estas habitaciones.
- Todos los contenedores de aerosol deben estar lo más lejos posible de cualquier fuente de calor.
- Mantén siempre el garaje limpio de excesos de grasa y gasolina.
- Nunca utilices artefactos eléctricos ni maquinaria pesada en superficies mojadas (a menos que el aparato esté diseñado específicamente para ese fin).
- Siempre desconecta cualquier herramienta cuando la termines de usar, sobre todo si se trata de taladros, sierras o engrapadoras industriales.
- No metas en la lavadora ni en la secadora ropas o telas que estén manchadas de gasolina u otros materiales inflamables. Lávalas a mano.
- Asegúrate de que tu lavadora y secadora de ropa hagan tierra. Esto te ayudará a prevenir un choque eléctrico.
- Evita cargar pilas de ropa muy altas que no te permitan ver hacia dónde estás caminando. Es mejor dar dos o tres vueltas que sufrir una caída.

- Asegúrate de que tu burro de planchar cuente con gomas en las cuatro patas y sea muy estable.
- Cubre el burro de planchar con un cobertor contra incendios (los venden en tiendas departamentales). Evita usar como base de planchado telas elaboradas con fibras sintéticas.
- Mientras planchas, deja la plancha sobre la superficie de metal del burro o de pie sobre el borde de la plancha.
- No permitas que tus hijos jueguen cerca o debajo del burro del planchar.
- Plancha cerca de la conexión eléctrica. Evita que los cables crucen la habitación, pues puedes atorarte con ellos o los niños pueden jalarlos y tirarse la plancha encima.
- Nunca dejes la plancha encendida, ni para contestar el teléfono.
- Cuando no estés usando la plancha, desconéctala y déjala enfriar sobre una superficie de metal o piedra, en un lugar ventilado y alto para que los niños no puedan alcanzarla.
- Mantén la plancha caliente fuera del alcance de los niños y lejos del contacto con agua.

El baño
- Coloca una luz de noche en el baño de los niños.
- Instala baldosas antiderrapantes en el baño, la regadera y la tina. Si el piso de tu baño es resbaloso, adhiérele tiras plásticas antiderrapantes.
- Si estás construyendo tu casa o tienes las posibilidades de instalar barras metálicas en la regadera, ¡hazlo! No todas las caídas les ocurren a los ancianos o minusválidos. Idealmente todas las tinas y regaderas deberían contar con barras para que las personas puedan asirse en caso de caer.
- Asegúrate de que las puertas del baño sean de vidrio asegurado o acrílico. Si las puertas son de vidrio común y corriente, pueden hacerse pedazos con cualquier golpe.
- Si tu baño cuenta con cortina, es importante que el tubo que la sostiene esté fijo a la pared. Los tubos que entran a presión pueden resbalar y caerse; además, ante la inminencia de una caída, uno tiende a aferrarse de la cortina.
- Asegúrate de que la puerta del baño, así como la de la tina y la regadera se abran con facilidad desde afuera. Esto es de especial importancia cuando uno tiene niños pequeños que ya empiezan a bañarse

solos. Si en tu familia acostumbran echar llave a la puerta del baño, mantén un juego de llaves cerca para que puedas usarlo en caso de emergencia.

- Evita usar radios o cualquier otro aparato eléctrico mientras te bañas.
- Nunca dejes a un niño —ni siquiera en edad escolar— dentro de la bañera solo.
- Nunca uses la secadora, rasuradora eléctrica, o el cepillo eléctrico si el baño está mojado o si la bañera o el lavamanos están llenos.

LAS ESCALERAS

- Es importante que las escaleras tengan buena iluminación. Idealmente deberán contar con un interruptor de luz tanto en la planta baja como en la alta.
- No pongas juguetes, cajas o cualquier otro estorbo cerca de las escaleras. Si tienes niños pequeños, acostúmbrate a mirar los escalones para subir o bajar pues es increíble en qué poco tiempo son capaces de llenar todo de juguetes.
- No pongas macetas en las escaleras.
- Si tu escalera está alfombrada, verifica que la alfombra no esté rota ni tenga hilos sueltos.
- Si tu escalera tiene duela, verifica que esté en buen estado.
- Al colocar tapetes en las escaleras, verifica que queden fijos. Los tapetes deben asegurarse colocando tubos en el vértice interno de cada escalón; no es suficiente fijarlos con plástico antiderrapante.
- Si tienes hijos pequeños, es importante que la escalera cuente con puertas tanto abajo como arriba. Evita las puertas plegables de rombos, pues el bebé puede pasar su cabeza entre ellos y quedarse atorado. Tampoco uses puertas que se metan a presión, pues al correr, los niños pueden botarlas y caer. Te recomiendo usar puertas que se atornillen a la pared y que cuenten con un seguro que el niño no pueda abrir. Si piensas colocar rejas, verifica que la distancia entre los barrotes sea lo suficientemente pequeña como para que el niño no pueda meter las manos entre ellos.
- Evita cargar grandes paquetes por las escaleras. Si tienes que transportar algo pesado o cualquier bulto que impida la visibilidad, pide ayuda.
- Siempre que uses la escalera, sujétate.

- Si tu escalera no cuenta con barandal, manda a ponérselo.
- Si la escalera está a la intemperie o por alguna otra razón se moja constantemente, adhiérele tiras antiderrapantes. Recuerda: la seguridad es más importante que la estética.

Un hogar seguro para tu bebé

Una de las tareas más importantes para los padres es crear un ambiente seguro y confortable para su bebé. Cuando un bebé acaba de nacer, con sólo alejar los juguetes pequeños de su cuna o de su alcance podemos evitar la mayoría de los accidentes. Pero conforme el bebé va creciendo, también crecen sus demandas en cuanto a tiempo y seguridad.

Para facilitar la comprensión de este tema lo he dividido en cuatro apartados:

Seguridad de movimiento

- No permitas que tu hijo tenga acceso a la alberca, la cisterna o alguna fuente. Lo mejor es mantener estas áreas cerradas bajo llave o cercadas.
- No dejes recipientes llenos de agua ni la puerta del baño abierta si no estás con tu hijo. Los niños muy pequeños y los bebés pueden fácilmente ahogarse en el inodoro o en una cubeta.
- Si acostumbras usar una silla para mecer al bebé, asegúrate de que tenga una base lo suficientemente ancha y estable. Nunca uses una mecedora insegura: de un día a otro el niño que no sabía moverse puede volcársela encima.
- Si colocas la silla de tu bebé en una superficie alta, como puede ser una mesa, la barra de un bar o un mostrador, siempre mantén tu mano sobre la silla.
- No dejes a los bebés desatendidos en lugares altos. Incluso antes de los tres meses los niños son capaces de rodarse de la cama, los sillones o el cambiador.
- Al comprar una silla para alimentar al bebé, verifica que cuente con una base ancha y estable.
- Cuando alimentes al bebé, aléjalo de cualquier objeto del que se pueda asir. Los bebés tienen mucha fuerza en los brazos y pueden comenzar a escalar los muebles o lo que tengan cerca.
- Asegura los libreros o cualquier mueble que pueda volcarse. Si tienes cajoneras, cierra los cajones con llave o voltea el mueble contra

la pared, pues a partir de los seis meses, el bebé intentará levantarse sosteniéndose de cualquier mueble u objeto que tenga a su alcance, y puede echárselo encima lastimándose gravemente.

- Siempre cierra las sillas plegables o reclinables cuando no estés cerca. Esto es importante pues muchos niños han sufrido atrapamiento de la pierna o del brazo en sillas de este tipo.

- Sustituye tus manteles largos por mantelitos individuales. Los bebés y niños pequeños son capaces de hacer movimientos muy rápidos y en un descuido pueden jalar el mantel y tirarse encima el café caliente, un cuchillo o los platos de vidrio. Nunca pongas sobre el mantel individual del niño cosas con las que pueda lastimarse.

- Evita las jugueteras profundas, pues el niño puede caer dentro de ellas al intentar sacar un juguete.

- Siempre mantén el inodoro (w.c.) tapado. Los niños sienten mucha atracción por el agua y además de meter en ella sus manitas, pueden caer de cabeza.

- Nunca dejes pesas u otros aparatos para hacer ejercicio al alcance de los niños.

- Siempre desconecta los aparatos eléctricos para hacer ejercicios. Cuando una caminadora o escaladora está conectada, el pequeño puede subirse a ella y, en su intento por sostenerse de algo, encenderla ¡y salir volando! Por otro lado, los niños que ya caminan pueden sufrir accidentes por "imitar" a sus padres: los niños pequeños no poseen el desarrollo psicomotor para caminar a grandes velocidades.

CÓMO EVITAR QUEMADURAS

Es de vital importancia explicarle al niño que las cosas están calientes y no se tocan. Como nadie escarmienta en cabeza ajena, te recomiendo que permitas que tu hijo se queme una sola vez.

Quizá te parezca cruel, pero si el niño no sabe de qué estás hablando cuando dices "caliente", tiene más probabilidades de sufrir una quemadura grave. Para hacerlo, muéstrale el fuego de un encendedor y dile: "Caliente. No." Lo más probable es que a pesar de lo que le has dicho, el niño intente tocar la lumbre. Repite el ejercicio dos veces más, luego permite que toque el fuego con el dedo y apaga inmediatamente el encendedor. El niño comenzará a llorar y aunque te sentirás fatal, habrás hecho algo importante: mostrarle que las cosas calientes queman y esto duele. Así, cuando le digas: "Está caliente", sabrá —en la medida de sus posibilidades— que se encuentra ante algo peligroso. Este ejercicio puedes realizarlo a partir de los 8 meses y con una vez es suficiente.

- Siempre verifica la temperatura de los alimentos que le des al niño. Sobre todo si los has calentado en el horno de microondas.
- Siempre toca el agua de la tina o regadera antes de bañar a tu hijo o lavarle las manos.
- Nunca cargues al bebé cuando estés sosteniendo una bebida caliente. Los movimientos de los bebés son rápidos y pueden volcarse el líquido encima, quemándose ellos o a la persona que los está cargando.
- Nunca te acerques a la estufa encendida ni cocines con un bebé en tus brazos. Ni siquiera voltees una tortilla en el comal. Es muy fácil que, con un movimiento, el bebé se queme o su ropa se incendie.
- Siempre utiliza los quemadores de la estufa que están hasta atrás.
- Coloca pocillos, ollas y sartenes con los mangos hacia atrás, estén o no estén sobre la estufa. La curiosidad de los niños puede llevarlos a jalar los mangos y vaciarse el líquido o aceite caliente.
- Siempre es importante ponerle una tapa de plástico a los enchufes que no están en uso, de preferencia adhiriéndola al interruptor eléctrico con cinta de aislar.
- Asegúrate de que los cables de los aparatos eléctricos no estén a la altura ni al alcance del niño o bebé. Los cables les llaman mucho la atención a los pequeños y pueden jalarlos ocasionando terribles accidentes. Los niños más grandes suelen querer imitar a sus padres, así que cuida que los aparatos eléctricos peligrosos (como planchas, licuadoras, batidoras, taladros o sierras) nunca estén a su alcance.
- Nunca tapes a un niño con un cobertor eléctrico.

Cómo prevenir la asfixia
- Cuando tu bebé se lleve a la boca pequeños objetos, como puede ser la tapa de la pasta de dientes o un arete, es recomendable sustituir dicho objeto con una mordedera o algún otro objeto diseñado especialmente para la dentición. Los bebés tienden a llevarse cosas a la boca para satisfacer su necesidad de rascarse las encías.
- Una vez que el niño es capaz de masticar, es muy importante que los alimentos que le des estén finamente picados. Durante esta primera

etapa es importante evitar: nueces, uvas, pasas, cerezas, hot dogs, zanahorias crudas, caramelos, y cualquier otro alimento que sea redondo y/o pequeño.

- Enséñale a tu bebé a decir "Aaaa". Así, si se mete algo en la boca, te será más fácil revisársela.

Cómo brindarle a tu hijo un sueño seguro

Este es un asunto que preocupa mucho a los padres de familia, pues la mayoría de nosotros hemos oído hablar de la muerte de cuna o Síndrome de Muerte Súbita del Lactante (SMSL).

Nadie sabe realmente cómo o cuándo ataca el SMSL. De acuerdo con el Instituto Nacional de Salud Infantil y Desarrollo Humano de los Estados Unidos, la incidencia de esta enfermedad es más alta entre el primero y el cuarto mes de vida, edad en la que el bebé aún es incapaz de voltearse por sí mismo.

Si en tu familia hay antecedentes de SMSL, es recomendable adquirir un colchón equipado electrónicamente con una alarma que te avisará si el bebé deja de respirar. De lo contrario, con las recomendaciones que aparecen a continuación podrás prevenir el SMSL.

Por otro lado, no todas las recomendaciones que encontrarás a continuación se relacionan con el SMSL, muchas de ellas simplemente están pensadas para que el sueño de tu bebé sea más seguro.

- Es fundamental que siempre acuestes al bebé boca arriba, sobre su espalda. Ésta es una medida que presumiblemente sí ayuda a prevenir el SMSL.
- No fumes durante el embarazo ni permitas que fumen cerca del bebé.
- Nunca duermas a tu hijo cerca de un radiador o calentador, ni lo tapes en exceso. Un cuarto demasiado tibio o el exceso de cobijas están asociados con un aumento en el riesgo de SMSL. El cuarto del bebé debe tener una temperatura de entre 15 y 21° C.
- Nunca utilices grabaciones musicales que asemejen los sonidos intrauterinos (esto es, movimiento de agua, latidos cardiacos, etcétera). Aunque estos cassettes se pusieron de moda para tranquilizar al bebé, se ha comprobado que su uso aumenta considerablemente la posibilidad de muerte de cuna.

- Mantén cualquier objeto blando (almohadones, edredones, chupones o peluches) fuera de la cuna de tu bebé.
- Evita usar almohadas, cobertores, edredones y colchones demasiado suaves en los que el niño se pueda sofocar. Tampoco uses frazadas afelpadas.
- Si usas frazadas, acuesta a tu bebé con los pies hacia la parte de abajo de la cuna y mete alrededor del colchón una frazada delgada que llegue sólo hasta el pecho del bebé.
- Asegúrate de que la cabeza del bebé permanezca destapada mientras duerme.
- No acuestes al bebé sobre un colchón de agua, un sofá, un colchón blando, una almohada ni ninguna otra superficie blanda.
- Al elegir un cobertor tejido, asegúrate de que esté calado, de tal manera que el niño pueda respirar a través de él.
- No conviertas la cuna en juguetero. Siempre que no estés cerca, saca todos los juguetes, chupones o mamilas que estén en la cuna.
- Mantén los cordeles de cortinas y persianas lejos de la cuna y fuera del alcance de los niños. Amarra los cordeles en lo alto, pues los niños pueden atorarse en ellos y ahorcarse.
- Elige una cuna que no tenga pintura o barniz con base de plomo. Si ya tienes la cuna y no sabes qué tipo de pintura o barniz tiene, es mejor mandarla lijar y repintarla. (El plomo produce intoxicación.)
- Los barrotes de las cunas no deben tener más de seis centímetros de separación entre uno y otro. Esto evitará que la cabeza, pies y manos de los niños queden atoradas.
- Cuando el bebe comience a sostenerse en dos pies, quita cualquier móvil o juguete colgante, pues el niño puede jalarlo y tirárselo encima.
- Cuando el niño ya pueda levantarse (incluso cuando comience a intentarlo o cuando tenga edad suficiente para comenzar a hacerlo aunque no lo haya intentado aún) coloca el sostén del colchón en la posición más baja para que el niño no pueda aventarse.
- No cuelgues cuadros sobre las camas o el cambiador de los niños, ni en ningún lugar donde puedan alcanzarlos, ya que pueden caer y lastimarlos. Si lo que deseas es decoración, una mejor idea es pegar un póster en la pared (utiliza pegamento líquido o cinta adhesiva, evita usar tachuelas). Si no puedes renunciar a la idea de tener un cuadro sobre la cama de tu niño, busca uno pequeño, con esquinas

redondeadas, sustituye el vidrio por acrílico y no sólo lo cuelgues: pégalo a la pared. No obstante, considero que no vale la pena tener un cuarto muy lindo, pero inseguro para tu pequeño.

RECOMENDACIONES PARA BAÑAR AL BEBÉ
- Elige una bañera pequeña y colócala en un lugar cómodo, a la altura de tus brazos. Algunos lugares recomendados son el mueble de la cocina o sobre un lavamanos que sea lo suficientemente grande como para que la tina permanezca estable.
- No llenes demasiado la tina. De 5 a 10 centímetros de agua es suficiente para los recién nacidos.
- Siempre verifica la temperatura del agua. Existen termómetros diseñados especialmente que, mediante colores, indican si la temperatura del agua es segura o no para el bebé.
- Si tu bebé es muy pequeño, siempre sostén su cabeza con tus manos y evita sumergirla en el agua. A los bebés que ya se saben sentar les gusta chapotear, permíteselos pero sostenles la espalda con la mano. Jamás dejes a niños ni bebés solos en la tina o regadera.
- Cuando termines de bañar al bebé, verifica que la temperatura del cuarto esté entre 24 y 27° C, ya que pierden calor corporal rápidamente.
- Utiliza jabones neutros para bañar a los bebés. Los jabones con esencias pueden provocarles alergia.
- Usa champú que no irrite sus ojos. Te ahorrarás muchos llantos, incluso lesiones oculares.

SEGURIDAD EN EL AUTOMÓVIL

Tengas o no tengas automóvil, es importante que conozcas las reglas de seguridad que aplican tanto para conductores como para pasajeros.

EL AUTOMÓVIL
- Antes de usar un auto, asegúrate que esté en perfectas condiciones, no sólo para salir a carretera. Es mejor no tomar automóviles prestados, entre otras cosas porque no sabes en qué estado se encuentran.
- Si vas a usar un auto que no es tuyo, antes de arrancarlo reacomoda los asientos y los espejos.

- Prueba el frenado de cualquier automóvil que planees conducir. Realiza esta prueba en una calle desierta; lleva el auto a una velocidad media y frena abruptamente: sólo así sabrás qué tan bien funcionan los frenos y en qué distancia se detiene el auto por completo.
- Nunca uses un auto que tenga mal los frenos.
- Verifica que tanto los faros como los limpiaparabrisas funcionen adecuadamente.
- Lleva el auto a revisar periódicamente.
- Si por alguna razón no puedes mantener tu auto en buenas condiciones, es mejor idea dejarlo de usar por un tiempo.
- Revisa los niveles de anticongelante, aceite y líquido de frenos cada vez que llenes el tanque de gasolina.
- Evita llevar el tanque de gasolina casi vacío.
- Verifica que las llantas tengan la presión correcta. La presión de inflado depende del tipo de automóvil, del tamaño del rin y de la marca de las llantas. Lee con atención el manual del automóvil: generalmente la presión de las llantas delanteras no debe ser igual a la de las traseras.
- Evita las llantas con chipotes o averiadas pues pueden estallar.
- Si piensas comprar un automóvil, infórmate bien sobre los sistemas de seguridad con los que cuenta. Es recomendable que cuente con frenos ABS y bolsas de aire delanteras.

La posición del conductor

Cualquier persona con licencia de conducir debería tomar un curso de manejo avanzado. En un curso de este tipo, lo primero que se enseña es cómo acomodar el asiento y los espejos para tener mayor visibilidad y mayor libertad de movimientos ante la inminencia de una colisión.

Recorre el asiento hacia delante de tal manera que puedas accionar los tres pedales rápidamente. Las rodillas deberán quedar bastante flexionadas (como si estuvieras sentado en una silla), cuidando de que las piernas no golpeen el volante al moverse. De esta manera, el movimiento para pasar el pie de un pedal a otro dependerá de la articulación de la rodilla. Quienes conducen con las piernas completamente extendidas, deben mover la pierna desde la articulación de la ingle, esto restringe muchísimo la velocidad de movimiento.

Si el asiento de tu coche tiene control de altura, elévalo hasta que puedas ver la mayor parte del cofre, pero no tanto como para que el volante estorbe el movimiento de tus piernas.

Endereza el respaldo de tal manera que, al estirar completamente tus brazos, el volante te quede a la altura del hueso de la muñeca; así tus brazos estarán flexionados y podrás maniobrar el volante más rápido. Aquí te sugiero que hagas una prueba para comprobar lo que digo: Estira completamente los brazos y pretende que vas a girar el volante 180°, notarás que tus brazos se "atoran" a la altura de los codos. Ahora haz lo mismo con los brazos flexionados, ¿notas la diferencia?

En los espejos laterales no sólo deberás ver lo que hay a ambos lados, sino también una mínima parte de tu coche; dependiendo del modelo, desde las manijas de las puertas traseras hasta los faros traseros.

El espejo retrovisor central debe colocarse de tal forma que no coincida exactamente con el medallón trasero sino que también te permita ver una pequeña área de la ventana trasera derecha de tu coche. Al colocarlo así, disminuirás el "punto ciego" del automóvil. Cuida, no obstante, que el área que se refleja en la parte izquierda de tu retrovisor central, se repita en el retrovisor lateral para que no queden áreas sin visibilidad detrás de tu automóvil.

Cuando no estés usando la pierna izquierda, coloca tu pie en el descanso que está ubicado del lado izquierdo de los pedales, pues ese lugar cuenta con mayor protección estructural y tendrás menos riesgo de lastimarte gravemente en caso de colisión.

SEGURIDAD AL CONDUCIR
- Respeta los señalamientos de tránsito.
- No conduzcas a exceso de velocidad.
- Nunca conduzcas en estado de ebriedad, bajo el influjo de drogas ni cansado.
- Usa siempre el cinturón de seguridad y sillas apropiadas para tus hijos pequeños.
- Nunca manejes con zapatos de tacón ya que pueden atorarse en el acelerador.
- Al cruzar una intersección, verifica dos veces que no vengan automóviles y asegúrate de que los que van pasando no lleven remolques.

- Cuando te eches en reversa en un estacionamiento, verifica que el automóvil que está justo detrás de ti no se esté moviendo también.
- Antes de acelerar en la luz verde, verifica que todos los automóviles que tienen el alto hayan frenado.
- Antes de virar, voltea a la derecha y a la izquierda. No confíes únicamente en los espejos retrovisores.
- Al cambiar de carril, vuelve la cabeza para comprobar que no haya automóviles en el "punto ciego".
- Ten mucho cuidado al conducir cerca de un camión de remolque, especialmente si vas a pasar de su lado derecho. Si no puedes ver los espejos retrovisores del camión, el conductor tampoco puede verte.
- Ten cuidado con los niños. Reduce la velocidad cerca de zonas residenciales y escuelas, así como en las calles con automóviles estacionados, pues es fácil que los niños "aparezcan" detrás de éstos.

POR ÚLTIMO...

Todos los miembros de la familia, así como cualquier persona que labore en tu casa, debe saber a quién llamar en caso de accidente y dónde se reportan las emergencias.

Llena la lista de la página siguiente. Tómate media hora y consigue todos los teléfonos que en ella aparecen y rectifícalos (al calce encontrarás las lista de los principales teléfonos que se utilizan en la ciudad de México)[3]. Completa la lista con letra clara, luego saca copias fotostáticas y pégalas en lugares visibles, de preferencia en sitios bien iluminados y cerca del teléfono. Es más: hazlo ahora mismo, el libro puede esperarte y así no corres el riesgo de olvidarlo.

Verifica los números telefónicos cada año, incluso si vives en la ciudad de México: los teléfonos pueden cambiar. También revísalos si te cambias de casa.

---

[3] Cruz Roja Mexicana para el Distrito Federal: 5395-1111
Bomberos en el Distrito Federal: 5768-3700
Escuadrón de rescates del Distrito Federal: 5722-8805
Policía Judicial del Distrito Federal: 061
Dirección General de Protección Civil del Distrito Federal: 5683-1142

Médico familiar: _____

Cruz Roja: _____

Escuadrón de rescate: _____

Ambulancia: _____

Hospital más cercano: _____

Sitio de taxis: _____

Bomberos: _____

Policía: _____

Fugas de gas: _____

Compañía de seguro de gastos médicos: _____

Teléfono: _____

Número de póliza: _____

Personas a contactar en caso de emergencia:

Nombre	Relación	Teléfono de casa
		Teléfono de la oficina
		Teléfono celular

_____

_____

_____

_____

_____

_____

_____

_____

Miembros de la familia y personal doméstico:

Nombre	Tipo de sangre	Alergias	Padecimientos

_____

_____

_____

_____

_____

_____

_____

Dirección y teléfono de esta casa: _____

_____

En la lista de personas a contactar en caso de emergencia incluye tu teléfono y el de tu pareja, así como el teléfono de tu médico familiar. Si cuentas con personal doméstico, anota los datos de sus familiares. También es buena idea incluir el teléfono de alguno de tus vecinos y establecer una red de emergencia con ellos.

Investiga qué tipo de sangre, alergias o condiciones médicas especiales tienen todas las personas que viven o trabajan en tu casa. En caso de una emergencia, esto te ahorrará tiempo precioso. Nunca anotes un tipo de sangre si no lo has verificado mediante un análisis de laboratorio, a veces las personas olvidan o confunden el tipo de sangre que tienen.

Quizá te parezca exagerado escribir tu propia dirección y teléfono, pero nunca sabes quién tendrá que reportar la emergencia. Además, es común que el personal doméstico desconozca la dirección del lugar donde trabaja y cualquiera puede olvidar datos importantes en momentos de estrés.

No en todas las ciudades el servicio telefónico de urgencias es adecuado, por lo tanto te recomiendo incluir en tu lista el teléfono y la dirección del hospital más cercano a tu domicilio, así como el del sitio de taxis más cercano.

CAPÍTULO 2

Resucitación cardiopulmonar (RCP)

AHORA QUE ya tienes un conocimiento general del cuerpo humano y te has familiarizado con algunos términos médicos, vamos a pasar a la parte más interesante del libro: La resucitación cardiopulmonar, la que por sus siglas se conoce como RCP.

Pero, ¿qué es la resucitación cardiopulmonar? Son una serie de procedimientos cuya finalidad es ayudar a restablecer la ventilación y la circulación en una persona que ha caído en paro cardiorrespiratorio.

¿QUÉ ES EL PARO CARDIORRESPIRATORIO?

El paro cardiorrespiratorio es la interrupción repentina y simultánea de la respiración y del funcionamiento del corazón.

En determinadas circunstancias puede producirse un paro respiratorio y el corazón funcionará durante tres o cinco minutos más; luego sobrevendrá el paro cardiaco.

Cuando inicialmente se presenta el paro cardiaco, casi simultáneamente se presenta el paro respiratorio, por lo que es difícil separar uno del otro.

Un individuo que no puede respirar o cuyo corazón no late, no puede mantenerse con vida. No obstante, quien tiene un paro cardiorrespiratorio todavía puede salvarse si, de una manera inmediata, se le inicia la RCP.

Esto es posible porque la persona que realiza la resucitación cardiopulmonar *respira* por la persona que ha tenido el paro cardiorrespiratorio, insuflando su aire en la boca de la víctima mediante la ventilación boca a boca. Y además, hace que la sangre de la víctima continúe circulando por medio de las compresiones torácicas. Este procedimiento se conoce como "resucitación" porque de no brindar nuestra ayuda, ese corazón no volvería a latir o ese pulmón no respiraría.

Así, el tema de RCP resulta de vital importancia, pues te enseñará a brindar ayuda eficiente para que el cerebro no se quede sin oxigenación: a partir de los cuatro minutos sin oxígeno el cerebro empieza a sufrir lo que conocemos como daño neurológico irreversible. Por eso, cuando hablamos de urgencias médicas, debemos reconocer que entre más rápido llegue la ayuda eficiente, más posibilidades tendrá la persona de sobrevivir. Aquí los segundos hacen la diferencia.

Ahora que conoces la finalidad de la resucitación cardiopulmonar, comenzaremos a estudiarla. Para hacerlo, he dividido este capítulo en 6 partes: generalidades, maniobras, RCP para bebés, RCP para niños, RCP para adultos y guía de referencia rápida.

Tras hablar de las generalidades de la resucitación cardiopulmonar, abordaremos exhaustivamente las diferentes maniobras que se emplean en ésta. La mejor manera de aprender estas maniobras es practicando con un maniquí especial; si decides practicar con una persona limítate a buscar las distintas partes de su cuerpo y a colocarla en las posiciones que se sugieren, absteniéndote de insuflar aire en sus pulmones o realizar las compresiones cardiacas. Aunque aquí incluiré muchas fotografías, es fundamental que fortalezcas tus conocimientos y mejores tus técnicas inscribiéndote en un curso de primeros auxilios en la Cruz Roja de tu localidad, con un médico capacitado o en una escuela de medicina.

Una vez que conozcas las maniobras, mencionaré los cambios que deben hacerse al dar RCP a bebés (de 0 a 12 meses), a niños (de 1 a 8 años) y a adultos (de 8 años en adelante). Aunque en todos los libros la división se establece exclusivamente por edades, te aconsejo que si tus hijos están muy por encima o por debajo de las tallas y pesos normales para su edad, modifiques las técnicas en consecuencia. Por ejemplo, si tu hija tiene 8 años pero pesa y mide igual que una niña de 10 años, deberás emplear con ella las técnicas que se especifican para adultos. O, si por el contrario, tu hijo tiene 9 años, pero tiene una medida y peso correspondientes a un niño de 7, deberás usar las técnicas que se especifican para niños.

También sabrás qué hacer ante consideraciones especiales, como pueden ser: lesión de cervicales, inconsciencia, o si te encuentras a solas. Al final de este capítulo —el más importante del libro— encontrarás una guía de referencia rápida. Ésta te servirá para seguir, paso a paso, los procedimientos en caso de una emergencia.

Te recomiendo que leas este capítulo dos veces, una de corrido, y la otra para familiarizarte con las posturas que se ocupan en las distintas maniobras. Recuerda que la práctica hace al maestro y que la resucitación cardiopulmonar te permitirá ser mejor madre, abuelo, nana, estudiante, profesor… mejor persona.

Generalidades

Lograr que una persona sobreviva al paro cardiorrespiratorio depende de una serie de acciones inmediatas. Sólo la realización conjunta de todas ellas, efectuadas en el orden correcto y con la máxima rapidez, pueden salvar una vida.

The American Heart Association y otras instituciones han utilizado el término "La cadena de la vida"[4] para denominar a un conjunto de acciones que se divide en cuatro etapas:

ACCESO TELEFÓNICO INMEDIATO

INICIO DE **RCP** BÁSICO INMEDIATAMENTE

DESFIBRILACIÓN TEMPRANA

SOPORTE AVANZADO DE VIDA

---

[4] En inglés recibe el nombre de *Chain of Survival*.

Para fines de este libro sólo nos ocuparemos de los primeros dos puntos, ya que la desfibrilación temprana y el soporte avanzado de vida dependen del técnico en urgencias médicas o del médico en el hospital.

CUIDA TU SEGURIDAD

Recuerda que no serás de ayuda para la víctima si tú también te lesionas. Por esto es de suma importancia verificar que te encuentres en un lugar seguro. Existen diversas situaciones en las que la vida del auxiliador puede correr peligro; deberás poner especial atención en los siguientes casos: ante un incendio, si están cayendo objetos de un edificio cercano, si hay humos o vapores.

Una vez estando a salvo puedes proseguir.

ACTIVA EL SERVICIO DE URGENCIAS

Activar el servicio de urgencias significa hacer todo lo que esté en tus manos para que la víctima del accidente reciba ayuda médica en el menor tiempo posible.

Cada vez que a lo largo de este libro encuentres la frase anterior significará que deberás:

- Pedir ayuda en voz alta a las personas que estén cerca de ti.
- Encargar a una persona específicamente para que pida una ambulancia.
- Preguntar si hay un médico entre la concurrencia.
- Si estás solo con la víctima deberás gritar y, dependiendo de su gravedad, llamar a la ambulancia antes o después de asistirla.
- Valorar qué es más rápido, si esperar a la ambulancia o llevar a la víctima directamente al hospital. En caso de optar por lo segundo, trata—en la medida de lo posible— que el conductor no esté vinculado emocionalmente a la víctima e intenta establecer contacto telefónico con el hospital antes de llegar.

Siempre debes tener a la mano los teléfonos de emergencia. Pégalos con un imán en tu refrigerador y también guárdalos en tu cartera. Es importante que cualquier persona que esté a cargo de tus hijos (ya sea el personal doméstico, el tío, la nana o la abuelita) sepa cuáles son estos teléfonos y dónde encontrarlos. Si tus hijos ya saben leer, *debes* enseñarles dónde están, cómo marcar el teléfono y cómo pedir ayuda.

Antes de empezar a dar RCP es de suma importancia que llames a una ambulancia o al servicio de urgencias de tu ciudad. Si estás acompañada puedes empezar con RCP mientras la otra persona habla por teléfono. Cabe mencionar que si estás en un lugar donde hay mucha gente debes dirigirte a una sola persona y pedirle que llame a la ambulancia: si no lo haces así, nadie tomará la responsabilidad. Por ejemplo, si estás en un centro comercial y no conoces a las personas que te rodean, debes decir: "Usted, el señor de anteojos con camisa a cuadros, ¡llame a la ambulancia de inmediato!" Incluso si estás con gente conocida debes dirigirte a una sola persona: "Tú, Lola, ¡llama a la ambulancia!"

NUEVOS LINEAMIENTOS PARA LA RESUCITACIÓN CARDIOPULMONAR
A lo largo del tiempo, los lineamientos para RCP han ido cambiando. Actualmente la *American Heart Association* en colaboración con el *International Liaison Committee on Resuscitation* ha establecido los nuevos lineamientos para RCP. Éstos son:

- El auxiliador debe llamar al servicio de urgencias antes de iniciar RCP cuando la víctima sea un adulto inconsciente. Excepciones: En caso de ahogamiento, trauma o intoxicación por droga deberás dar RCP antes de llamar a la ambulancia.
- El auxiliador debe dar un minuto de RCP a bebés y niños antes de llamar al servicio de urgencias.
- El auxiliador debe saber identificar la posibilidad de que una víctima haya sufrido una embolia y llevarla inmediatamente al hospital, habiendo avisado de su llegada con anticipación. En caso de embolia, no debe realizarse RCP.
- Al auxiliador no profesional ya no se le enseñará a tomar el pulso; la señal para comenzar con las compresiones cardiacas será cuando la víctima no tenga datos de circulación es decir, que no respire, no tosa ni se mueva tras haber recibido las dos primeras insuflaciones.
- Las compresiones cardiacas en adultos deberán aumentar hasta aproximadamente 100 por minuto.
- La proporción entre compresiones y ventilaciones para víctimas de 8 años en adelante será de 15 compresiones por cada dos ventila-

ciones independientemente de que sean una o dos las personas que estén realizando la RCP.

- El auxiliador deberá dar RCP con compresiones cardiacas (sin ventilaciones) solamente en el caso de que el auxiliador no pueda dar respiración de boca a boca o no esté dispuesto a hacerlo.

ESTADO DE CONCIENCIA

El estado de conciencia es el primer signo que valoraremos ante una situación supuestamente grave. La conciencia es la propiedad de darnos cuenta de la propia existencia, de nuestros actos y sensaciones. Aunque los niveles de conciencia pueden ser diversos (alerta, dormido, desorientado, etcétera), para fines de RCP sólo tendremos en cuenta si la víctima responde o no.

EL ABC DE LA RESUCITACIÓN CARDIOPULMONAR

Para facilitar el aprendizaje y el orden de los pasos a seguir nos basamos en el ABC:[5]

A (aire). Consiste en valorar si la vía aérea de una persona está abierta, es decir, si el aire entra y sale adecuadamente; si la vía aérea no está abierta, deberás colocar su cabeza en posición correcta y asegurarte de que nada esté obstaculizando sus vías respiratorias.
B (ventilación). Consiste en valorar si la víctima respira; si no respira deberás auxiliarla con las ventilaciones.
C (circulación). Consiste en valorar si el corazón está latiendo; si no late deberás empezar con las compresiones cardiacas.

Cuando la entrada y salida de aire, la ventilación, o la circulación no son adecuadas se aplican distintas maniobras para asistir a la víctima. A continuación analizaremos cada una de ellas.

---

[5] Las siglas ABC provienen del inglés: A (air), B (breathing), C (circulation). Aunque en español las siglas serían AVC (aire, ventilación, circulación), en medicina se maneja el término ABC.

Maniobras

Para que puedas llevar a cabo las siguientes maniobras la víctima debe de estar boca arriba; si está acostada de lado primero deberás voltearla.

¿Cómo se hace?
- Arrodíllate al lado de víctima a la altura de sus hombros, dejando un espacio aproximadamente del mismo ancho de su cuerpo.
- Coloca una de tus manos en su cabeza y la otra en su cadera.
- Voltea a la víctima usando un sólo movimiento.

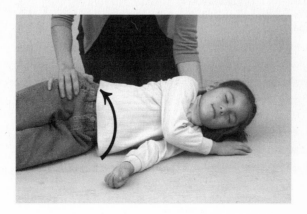

Maniobras para abrir la vía aérea – A (aire)

Las siguientes dos maniobras se emplean en los tres grupos de edad (bebés, niños y adultos).

Maniobra frente-mentón
También se conoce como levantamiento de mentón (en inglés, *jaw thrust*). Se usa en personas que no respiran, pero que no tienen lesión en la columna.

Tiene como fin rectificar la vía aérea para favorecer la entrada y salida de aire.

¿Cómo se hace?

- La víctima (la persona lesionada) debe estar acostada boca arriba.
- Colócate detrás de ella. Con tus manos de cada lado de su cara, mientras le detienes la mandíbula, haz una hiperextensión del cuello.

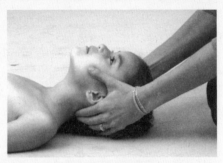

MANIOBRA DE SUBLUXACIÓN DE MANDÍBULA

Se usa en personas que han sufrido un traumatismo (golpe severo, caída, atropellamiento), que tienen lesión en la columna vertebral y no respiran. Tiene como fin favorecer la entrada de aire protegiendo las vértebras cervicales.

¿Cómo se hace?

- La víctima debe estar acostada boca arriba.
- Colócate de rodillas detrás de ella. Pon tus manos a los lados de su cara, abriéndole la mandíbula (mentón).

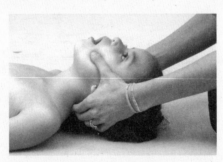

- Siempre que se mencione "abrir la vía área", deberás realizar cualquiera de las dos maniobras anteriores.

MANIOBRA DE HEIMLICH

Se usa en personas que se están asfixiando con un cuerpo extraño, que tienen algún objeto atorado en el esófago o la tráquea. El fin es elevar el diafragma para aumentar la presión y forzar el aire hacia los conductos, producir tos y expulsar el cuerpo extraño.

- Si la persona está consciente debe estar de pie. Si la persona está inconsciente o cae en inconsciencia durante la maniobra, debe estar acostada boca arriba. Cuando se trata de un bebé, la maniobra será la misma independientemente de su estado de conciencia.

Maniobra de Heimlich para bebés (0-1 año)
¿Cómo se hace?
1. Golpes en la espalda:
Carga al bebé boca abajo sobre tu antebrazo y mano, apoyándote en tu pierna.

Al mismo tiempo, con la palma de tu otra mano, dale cinco golpes en medio de la espalda, entre las dos escápulas.

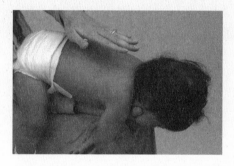

2. Compresión torácica:
Pon al bebé boca arriba sujetándolo con tu antebrazo y mano. Su cabeza debe estar más abajo que el resto de su cuerpo. Ahora, usando tus dos dedos, efectúa cinco compresiones a nivel del tercio inferior del esternón. Repite el procedimiento hasta que expulse el cuerpo extraño.

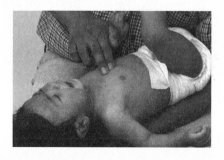

Maniobra de Heimlich para niños (1-8 años)
¿Cómo se hace?

- Colócate de pie detrás del niño que se está asfixiando, si es un niño muy pequeño, puedes hacerlo de rodillas.
- Pon tu puño derecho entre su ombligo y su apéndice xifoides.

- Con tu mano izquierda, rodea tu muñeca derecha y con ambas manos ejerce presión hacia arriba con suficiente fuerza, hasta que salga el cuerpo extraño.

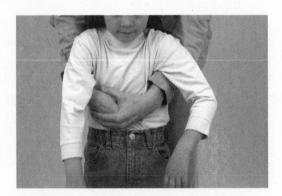

Maniobra de Heimlich para adultos (a partir de los 8 años)

¿Cómo se hace?

- Colócate detrás de la víctima.
- Pon tu puño derecho entre su apéndice xifoides y su ombligo.
- Ayudándote con tu mano izquierda, ejerce suficiente fuerza hacia arriba, hasta que el cuerpo extraño sea expulsado.

- Si tus brazos no alcanzan a rodear a la persona, pídele que se recargue de espaldas contra una pared. Colócate frente a ella y ejerce presión hacia arriba en la "boca del estómago", hasta que expulse el objeto.

Maniobra de Heimlich para personas que están solas

¿Cómo se hace?

- Si estás solo pero consciente de que te estás asfixiando, busca una silla con respaldo.
- Coloca la parte superior del respaldo bajo el hueso de tu esternón.
- Sostén con ambas manos el respaldo y empújalo hacia arriba.
- Continúa haciéndolo hasta que expulses el objeto.

Maniobra de Heimlich para personas inconscientes

Bebés

¿Cómo se hace?

- Se realiza de la misma maniobra que aparece en la página 69.

Niños y adultos

¿Cómo se hace?

- La víctima debe estar acostada boca arriba.
- Colócate sobre ella con tus piernas a ambos lados de su cuerpo.
- Coloca tus manos entrelazadas entre su ombligo y su apéndice xifoides. Ejerce presión hacia arriba con ambas manos. Inmediatamente coloca a la persona de lado y busca el objeto en su boca. Repite el procedimiento hasta que expulse el objeto.

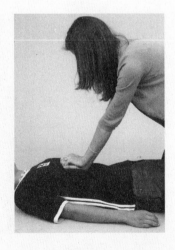

MANIOBRA DE BARRIDO.

Se utiliza en todos los grupos de edad. Tiene como finalidad extraer un cuerpo extraño de la boca; se emplea únicamente cuando el objeto se puede ver.

Esta maniobra también se utiliza cuando una víctima de asfixia ha expulsado el cuerpo extraño mediante la maniobra de Heimlich, pero el objeto continúa estando en su boca.

¿Cómo se hace?
* Pídele a la persona que abra la boca (si es un bebé o está inconsciente, ábrela tú).
* Sujeta su lengua y su mandíbula entre tu dedo pulgar y los demás dedos.

* Localiza visualmente el objeto, revisa también el paladar.
* Cuando hayas visto el objeto, coloca tus dedos índice y pulgar en posición de gancho.

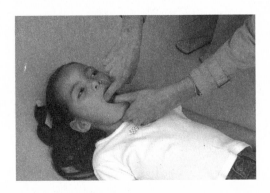

73

- Recorre la boca de la persona realizando un barrido. Es decir, arrastrando el objeto hasta el exterior con los dedos índice y medio. No deberás hacer pinza con tus dedos para prensar el objeto.

Maniobra para la ventilación – B (ventilación)

Respiración de boca a boca

Se usa en niños mayores de un año y en adultos. También se conoce como ventilación de boca a boca.

Tiene como finalidad introducir aire del auxiliador en los pulmones de la víctima.

¿Cómo se hace?
- Arrodíllate al lado de la víctima y asegúrate de que la vía aérea esté abierta. Coloca una mano en su frente y con los dedos índice y pulgar de esa mano, ciérrale los orificios nasales.

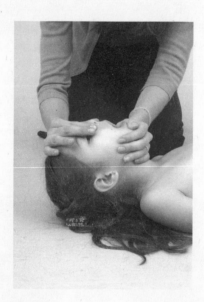

- Permite que la boca de la víctima se entreabra, pero mantén el mentón elevado.

Insuflación:

Llena tus pulmones de aire y coloca tus labios alrededor de la boca de la víctima de manera que sellen bien, introduce aire dentro de la boca de la víctima de manera continuada y suave. Si la persona lesionada es un adulto, deberás introducirle todo el aire que te quepa en los pulmones. Si es un niño, debes usar solamente la mitad del aire que quepa en tus pulmones. Si introduces el aire demasiado rápido, irá menos aire a los pulmones y el estómago se llenará de aire. Para evitarlo, la insuflación debe durar alrededor de dos segundos.

Comprobación de la insuflación:

Mientras introduces el aire, mira si el pecho de la víctima se eleva. La cantidad de aire que hay que introducir es la que se requiere para producir una elevación visible del tórax.

Espiración:

Una vez completada la insuflación, quita tus labios de la boca de la víctima. Sepárate un poco y el aire saldrá por sí mismo, comprueba que el tórax descienda completamente.

Esto se valora mediante la maniobra de VOS: ver el movimiento torácico, oír la entrada y salida de aire, y sentir los movimientos torácicos o sentir las respiraciones con tu mejilla o mano.

RESPIRACIÓN DE BOCA A BOCA-NARIZ

Esta maniobra se usa en bebés que no respiran.

Tiene como fin introducir aire en los pulmones del bebé.

¿Cómo se hace?

- Crea un sello con tu boca, cubriendo la boca y la nariz del bebé. Sopla el aire que te quepa en la boca al inflar las mejillas. Mediante la maniobra de VOS verifica si está entrando el aire.

Ten cuidado de no introducir más aire que te quepa en la boca, pues los bebés tienen pulmones pequeños y frágiles, y no soportan una mayor cantidad de aire en una insuflación.

COMPRESIONES CARDIACAS – C (CIRCULACIÓN)

Se dan a las personas que están en paro cardiaco, que no tienen pulso.

Las compresiones cardiacas tienen como finalidad hacer que, mediante una presión externa, el corazón bombee la sangre hacia todo el sistema.

Bebés (de 0 a 12 meses).
Coloca tus dedos índice y medio por encima del apéndice xifoides del bebé. Ejerce una presión leve. El tórax del bebé debe hundirse 1.5 centímetros aproximadamente.

Repite la maniobra a un ritmo de aproximadamente 120 compresiones por minuto.

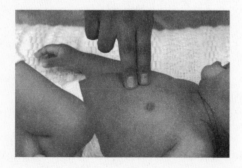

Niños (de 1 a 8 años).

Coloca el talón de tu mano dominante a una distancia de 3 centímetros (dos dedos) por encima del apéndice xifoides del niño. Con tu brazo completamente extendido, ejerce presión sobre su tórax de tal forma que se hunda 2.5 centímetros aproximadamente. Deja de hacer presión sobre el esternón, pero no retires la mano del punto de apoyo.

El muelleo se hace a partir de la articulación de la cadera.

Repite la maniobra a un ritmo de aproximadamente 100 compresiones por minuto.

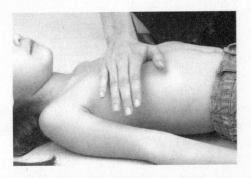

Adultos (a partir de los 8 años).

Entrelaza tus manos y colócalas a 3 centímetros (dos dedos) por encima del apéndice xifoides de la víctima. Con tus codos completamente extendidos, ejerce presión en el tórax.

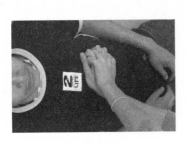

Compresión:
Manteniendo los brazos estirados, apóyate firmemente sobre la víctima y realiza una presión perpendicular sobre el esternón, hasta conseguir deprimirlo aproximadamente unos 4 ó 5 centímetros.

Descompresión:
Deja de hacer presión sobre el esternón, pero no retires las manos del punto de apoyo.
El muelleo se hace a partir de la cadera.
Repite la maniobra a un ritmo de aproximadamente 100 compresiones por minuto.

RCP PARA BEBÉS (DE 0 A 12 MESES)

1. Verifica el estado de conciencia del bebé. Dale pequeñas palmaditas en las plantas de los pies o en la espalda mientras le hablas fuerte. Si no reacciona es probable que este inconsciente.

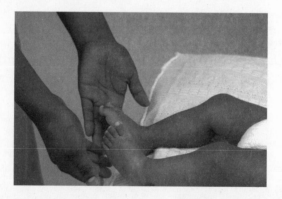

2. Si estás acompañada, pídele *específicamente a una persona* que llame una ambulancia. Si estás sola GRITA pidiendo ¡Auxilio! o ¡Ayuda! Continúa con la RCP.
3. Si sospechas que el bebé tiene lesionada la columna, consulta el apartado sobre lesión de cervicales (página 86).
4. Si no tiene lesión de cervicales, coloca al bebé boca arriba en una superficie plana. Para abrir la vía área, coloca una mano en su frente

y la otra en su mentón, para que su cabeza quede en posición recta. O sencillamente sostén la cabeza entre tus manos. En esa posición verifica mediante el método de VOS (ver, oír y sentir) su respiración durante cinco segundos.

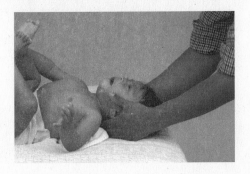

5. Si el bebé no respira, dale dos insuflaciones usando sólo el aire que quepa en tus mejillas infladas. Cada insuflación (ventilación) debe durar 1.5 segundos aproximadamente.
6. Observa sus movimientos torácicos para verificar la entrada de aire. Si no pasa el aire a la primera, reacomoda la cabeza del bebé y vuélvelo a intentar.

7. Si no entra el aire, realiza la maniobra de Heimlich (página 69).

8. Si entra el aire y el bebé aún no responde (no respira por sí mismo, no tose ni se mueve) realiza cinco compresiones cardiacas usando únicamente dos dedos, y vuelve a insuflar.

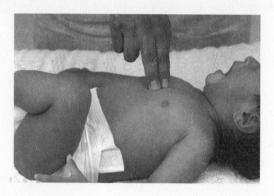

9. Continúa con cinco compresiones por una ventilación (5 x 1), tratando de hacer 100 compresiones durante un minuto.

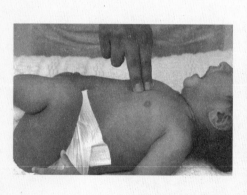 

5   x   **1**

10. Si el bebé no responde después de un minuto y estás sola, llama en este momento a la ambulancia. Inmediatamente reanuda los ciclos de cinco compresiones por una ventilación. Cada 100 compresiones verifica si el bebé está respirando, tose o se mueve. Continúa haciéndolo hasta que llegue la ayuda o hasta que el bebé empiece a respirar por sí mismo.

RCP para niños (de 1 a 8 años).

1. Verifica que la situación no suponga un riesgo para ti.
2. Verifica el estado de conciencia del niño. Muévelo suavemente de los hombros y pregúntale en voz alta: ¡¿Me escuchas?! ¡¿Estás bien?! Si no reacciona es probable que esté inconsciente.

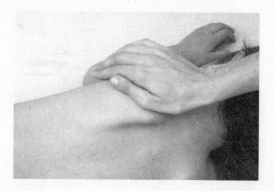

3. Si estás acompañado, pídele *específicamente a una persona* que llame una ambulancia. Si estás solo continúa con la RCP.
4. Si sospechas que el niño tiene lesionada la columna, consulta el apartado de lesión de cervicales (página 86).
5. Si no tiene lesión de cervicales, coloca al niño boca arriba en una superficie plana. Para abrir la vía área, coloca una mano en su frente y la otra en su mentón, para hiperextenderle el cuello. En esa posición verifica mediante el método de VOS (ver, oír y sentir) su respiración durante cinco segundos.

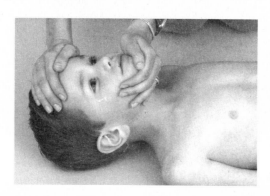

6. Si el niño no respira, dale dos insuflaciones usando sólo la mitad del aire que te quepa en los pulmones. Cada insuflación debe durar dos segundos aproximadamente.

7. Observa sus movimientos torácicos para verificar la entrada de aire. Si no pasa el aire a la primera, reacomoda la cabeza del niño y vuélvelo a intentar.

8. Si no entra el aire, realiza la maniobra de Heimlich (página 71).

9. Si entra el aire y el niño aún no responde (no respira por sí mismo, no tose ni se mueve) realiza 15 compresiones cardiacas usando el talón de tu mano y vuelve a insuflar dos veces.

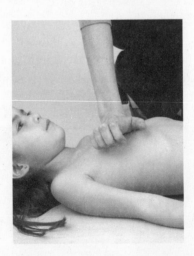

10. Continúa con 15 compresiones por cada 2 ventilaciones (15 x 2), tratando de hacer 100 compresiones durante un minuto.

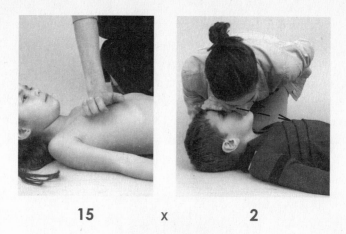

15   x   2

11. Si el niño no responde después de un minuto y estás solo, llama en este momento a la ambulancia. Inmediatamente reanuda los ciclos de 15 compresiones por cada 2 ventilaciones. Cada 100 compresiones verifica si el niño está respirando, tose o se mueve. Continúa haciéndolo hasta que llegue la ayuda o hasta que el niño empiece a respirar por sí mismo.

RCP PARA ADULTOS (A PARTIR DE LOS 8 AÑOS)

1. Verifica que la situación no suponga un riesgo para ti.
2. Verifica el estado de conciencia de la víctima. Muévela de los hombros y pregúntale en voz alta: ¡¿Me escuchas?! ¡¿Estás bien?! Si no reacciona es probable que esté inconsciente.

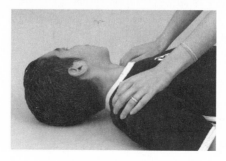

3. Llama a la ambulancia y continúa con RCP. Si estás acompañada, pídele *específicamente a una persona* que llame a la ambulancia.

4. Si sospechas que la persona tiene lesionada la columna, consulta el apartado de lesión de cervicales (página 86).

5. Si no tiene lesión de cervicales, coloca a la víctima boca arriba en una superficie plana. Para abrir la vía área, coloca una mano en su frente y la otra en su mentón, para hiperextenderle el cuello. En esa posición verifica mediante el método de VOS (ver, oír y sentir) su respiración durante cinco segundos.

6. Si la persona no respira, dale dos insuflaciones usando todo el aire que te quepa en los pulmones. Cada insuflación debe durar dos segundos aproximadamente.

7. Observa sus movimientos torácicos para verificar la entrada de aire. Si no pasa el aire a la primera, reacomoda la cabeza de la víctima y vuélvelo a intentar.

8. Si no entra el aire, realiza la maniobra de Heimlich (página 70).

9. Si entra el aire y la persona no responde (no respira por sí misma, no tose ni se mueve), con tus manos entrelazadas sobre el esternón de la víctima realiza 15 compresiones cardiacas y vuelve a insuflar dos veces.

10. Continúa con 15 compresiones por 2 ventilaciones (15 x 2), tratando de hacer 100 compresiones en un minuto.

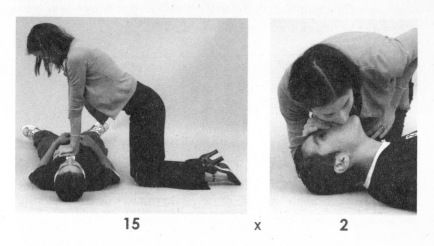

15 x **2**

11. Cada 100 compresiones verifica si la víctima está respirando, tose o se mueve. Continúa haciéndolo hasta que llegue la ayuda o hasta que la persona empiece a respirar por sí misma.

Consideraciones especiales

Existen situaciones que debido a su naturaleza requieren un cuidado y un conocimiento mayor, a continuación describo cada una de éstas.

Lesión de cervicales

Si sospechas que las vértebras cervicales pueden estar rotas o no sabes cómo ocurrió el accidente, es mejor que tengas extrema precaución y no muevas (ni permitas que muevan) el cuello de la víctima para evitar una lesión posterior.

Movilización en bloque
¿Qué hacer?
1. Tras valorar el estado de conciencia y confirmar que la persona no está respirando (VOS: ver, oír y sentir la respiración), debes activar el servicio de urgencias.
2. Después coloca a la víctima sobre una superficie plana, haz esto manteniendo siempre su cabeza alineada con el resto del cuerpo: la cabeza debe estar al mismo nivel que los hombros, el tronco y las piernas. Esta maniobra de sostener la cabeza y el tronco de forma lineal se le conoce como movilización en bloque.
3. Una vez que la persona está en el piso, abre su vía aérea, pero sin mover el cuello del lesionado; es decir, sin realizar una hiperextensión del cuello (página 68).

Paciente inconsciente que respira

Si la víctima está inconsciente pero está respirando, debes colocarla en una posición que prevenga que la lengua caiga hacia atrás, obstruyéndole la vía aérea y que reduzca el riesgo de que el vómito pase a los pulmones, lo que podría ahogar a la víctima.

Posición lateral de seguridad:

Gira a la víctima de tal forma que quede recostada de lado. En esta posición la víctima estará estable: no podrá caer ni perderá el equilibrio cambiando de posición. Además, de ser necesario, podrá ser transportada en una camilla.

CUÁNDO NO REALIZAR RCP Y CUÁNDO DETENERLA

La respiración cardiopulmonar no debe iniciarse:

- Ante la indicación médica de no dar maniobras de preanimación.
- Cuando la persona haya dado indicaciones explícitas de no desear que se le aplique la resucitación cardiopulmonar.
- Cuando la persona lleve más de diez minutos sin respirar y sin pulso.

La resucitación cardiopulmonar se debe detener:

- Cuando llegue relevo de una persona más capacitada.
- Cuando el auxiliador esté verdaderamente agotado.
- Cuando el auxiliador se encuentre solo y la víctima no haya recuperado el pulso después de 15 minutos.

La resucitación cardiopulmonar es exitosa si:

- Con cada compresión se siente el pulso carotídeo.
- El tórax se expande cuando se insufla.
- Las pupilas reaccionan y aparentan ser normales.
- El color de la piel retorna a la normalidad.
- La víctima intenta tragar.
- La víctima responde o se mueve ligeramente.

Después de conocer y practicar las distintas maniobras de primeros auxilios, la guía de referencia rápida será todo lo que necesites consultar ante una situación de emergencia. Recuerda que para que puedas realizar las maniobras con soltura en caso de urgencia, debes conocerlas de memoria, mejor de lo que conoces la palma de tu mano.

Casi hemos llegado al final del capítulo, así que lee está guía de corrido. Si eres persistente, al cabo de poco tiempo podrás realizar cualquier maniobra a la perfección (incluso si no llevas este libro contigo).

I. Manejo inicial.
   A. Verificar si la víctima responde.
   B. Llamar para obtener ayuda.
      1. Activar el servicio médico de urgencias.
      2. Pedir un desfibrilador si es posible.

II. Manejo de la vía aérea.
   C. Posición:
      1. Poner al paciente de espaldas en bloque.
      2. Dar soporte a la cabeza y cuello mientras se voltea a la víctima.
      3. Colocarla en una superficie rígida.

   D. Abrir la vía aérea.
      1. Maniobra frente-mentón con hiperextensión del cuello.
      2. Si se sospecha de lesión cervical, abrir solamente la mandíbula.

III. Manejo de la ventilación.
   E. Ver, oír y sentir si la víctima está respirando.
   F. Dar dos ventilaciones con duración de dos segundos.
      1. Observar los movimientos torácicos.
      2. Permitir que los pulmones se desinflen entre cada insuflación.
      3. Colocar adecuadamente a la víctima si el aire no pasó en la primera ventilación.

G. Obstrucción de la vía aérea. Si la ventilación no entra:
1. Realizar la Maniobra de Heimlich.
   a. Lactantes: Cinco compresiones en el pecho y cinco golpes en la espalda.
   b. Niños: Cinco compresiones abdominales.
   c. Adultos: Entre seis y diez compresiones abdominales.
2. Barrido con el dedo.
   a. Adultos: Realizar el barrido con el dedo.
   b. Lactantes y niños: Realizar el barrido solamente si el objeto es visible.
3. Intentar ventilar.
4. Repetir el ciclo hasta que la vía aérea esté libre.

IV. Manejo de la circulación.
   a. Buscar el pulso:
      i. De la arteria mamaria en los lactantes.
      ii. Carotídeo en los niños y adultos.
   b. Presencia de pulso: Dar respiración de boca a boca únicamente:
      i. Adulto: 12 ventilaciones por minuto.
      ii. Niño: 15 ventilaciones por minuto.
      iii. Lactante: 20 ventilaciones por minuto.
   c. Pulso ausente: realizar compresiones torácicas:
      i. Lactantes (menores de un año):
         1. Colocar dos dedos en la línea media entre las dos tetillas.
         2. Realizar compresiones: Más de 100 por minuto.
   a. Profundidad: de 1.5 a 2 centímetros.
   b. 5 compresiones por 1 respiración.
         3. Revalorar cada 10 ciclos (aproximadamente cada 45 segundos).
      ii. Niños (1-8 años):
         1. Colocar una sola mano sobre el esternón por encima de la apéndice xifoides.
         2. Realizar compresiones: 100 veces por minuto.
   a. Profundidad: de 2.5 a 3 cm.
   b. 5 compresiones, 1 respiración.

3. Revalorar cada 10 ciclos (aproximadamente cada minuto o minuto y medio).

iii. Adultos (a partir de los 8 años):

1. Colocar las manos sobre el esternón

2. Realizar compresiones: 100 veces por minuto.

a. Profundidad: 4 cm.

b. 15 compresiones 2 ventilaciones.

3. Revalorar cada 4 ciclos.

TABLA COMPARATIVA DEL RCP POR GRUPO DE EDAD

	Respiración de aire	Cantidad	Compresiones	Profundidad	Ciclos
Bebé	Boca a boca y nariz	Lo que te quepa en las mejillas.	Con dos dedos por encima del apéndice xifoides.	1.5 cm.	5 compresiones 1 respiración
Niño	Boca a boca	La mitad que quepa en los pulmones.	Con la palma de una mano dos dedos por encima del apéndice xifoides.	2.5 cm.	5 compresiones 1 respiración
Adulto	Boca a boca	Todo lo que quepa en tus pulmones.	Con ambas manos entrelazadas 2 centímetros arriba del apéndice xifoides.	4 cm.	15 compresiones 2 respiraciones

SEGUNDA PARTE

Recomendaciones que te permitirán actuar mejor ante cualquier situación de urgencia

1. **Mantén la calma.** Cuando la persona que está auxiliando a la víctima de un accidente está tranquila, aumenta la posibilidad de que la víctima se tranquilice y coopere. Mantener la calma también significa no alarmar ni a la víctima ni a sus parientes informándoles detalladamente sobre la gravedad de la lesión.

2. **Planea rápidamente lo que vas a hacer.** Antes de comenzar a actuar, tómate un par de segundos para establecer prioridades. Y no olvides activar el servicio de urgencias desde el primer momento en caso de que la lesión lo amerite. Si no tienes los elementos para valorar la gravedad de la lesión, es mejor exagerar y pedir una ambulancia que descubrir demasiado tarde que la necesitas.

3. **Siempre mantén los números telefónicos de emergencia a la mano.** Puesto que los servicios de urgencia no siempre llegan con la rapidez necesaria, quizá en algunas situaciones te resulte más conveniente llevar a la víctima directamente al hospital. Si decides llevarla en automóvil, primero asegúrate de que esté estable; llama al hospital avisando de su llegada y su condición, y en la medida de lo posible, evita conducir; es mejor que una persona que no esté vinculada emocionalmente a la víctima (por ejemplo un taxista o un vecino) sea quien maneje. Los accidentes automovilísticos son comunes cuando un familiar es quien está llevando al enfermo al hospital; además, si hay un tercero, tú podrás asistir y tranquilizar a la víctima durante el trayecto.

4. **Sé un apoyo para la víctima.** Hazle saber que la ayuda profesional está en camino y procura que se mantenga lo más cómoda posible. Es importante hacerle ver que si bien es el centro de atención, debe de cooperar como si fuera el único responsable de la solución de su problema. Esto es especialmente difícil con los niños, pero basta con decirles: "Depende de ti, échale ganas."

5. **Consulta a tu médico.** Sin importar la gravedad de la lesión, siempre es importante que la víctima sea valorada por un especialista.

CAPÍTULO 3

Hemorragias

La HEMORRAGIA es una condición que se refiere a la pérdida de sangre.

Las hemorragias pueden ser externas: cuando la sangre sale del cuerpo por una lesión de discontinuidad en la piel (como puede ser una cortadura) o por un orificio natural (como la boca, la nariz, el recto o la vagina). O internas: cuando la sangre sale de los vasos hacia el interior del cuerpo.

Las hemorragias también se dividen en leves, moderadas y severas dependiendo de la cantidad de sangre perdida.

Para efectos de este libro sólo debes saber que una herida severa pone en riesgo la vida y se presenta cuando la víctima ha perdido más de 500 mililitros (medio litro) de sangre.

HEMORRAGIAS EXTERNAS

Las hemorragias externas se presentan como consecuencia de una herida cutánea y traumatismos, entre otras causas. Éstas (al igual que las internas) pueden ser arteriales, venosas y capilares. Para saber ante qué tipo de hemorragia nos encontramos, bastará con observar el color de la sangre y la manera en que ésta brota.

Así, una *hemorragia arterial* tendrá un tono brillante y brotará conforme a las pulsaciones, es decir, la sangre saldrá cada vez que lata el corazón.

Una *hemorragia venosa* será de color rojo oscuro y saldrá de forma continua, es decir, no responderá a las pulsaciones cardiacas.

Y una *hemorragia capilar* será color rojo y la salida de la sangre será escasa, ejemplos de la pérdida de sangre capilar son los raspones, excoriaciones y cortaduras poco profundas.

Las hemorragias externas sin importar su localización se pueden controlar usando los siguientes métodos:

1. Presión directa.
2. Elevación de la extremidad o del área afectada.
3. Presión indirecta.
4. Torniquete.

Este es el orden preciso en el que deben realizarse. Idealmente nunca deberemos llegar hasta el punto 4, ya que el torniquete tiene como finalidad cortar por completo la circulación sanguínea, incrementado el riesgo de que el tejido se necrose (cuando el tejido muere existe posibilidad de amputación).

Antes de curar una herida, lávate las manos con agua y jabón, y de ser posible, usa guantes.

¿Cuáles son los síntomas?

- Pérdida de sangre.
- Dolor.
- Magulladuras.
- Palidez.
- Debilidad.

SÍNTOMAS DE SHOCK

Si después de lesionarse la víctima tiene:

- Palidez extrema.
- Piel fría, pegajosa y sudorosa.
- Ojos como apagados.
- Pulso débil y rápido.
- Respiración agitada.
- Debilidad muscular generalizada.
- Vómito.
- Sed excesiva.
- Deterioro de las facultades mentales.

Ve inmediatamente a "SHOCK" (página 201).

¿Qué hacer?

Sigue los siguientes pasos en el orden en que aparecen. Realiza cada uno de ellos hasta que la hemorragia se detenga.

✔ Una vez detenida la hemorragia deberás lavar la herida con agua, si la herida es leve ve el apartado "Raspones".

✔ Asegúrate de que te encuentras en un lugar seguro.

✔ Valora el ABC: Examina la entrada y salida de aire, la respiración y la circulación. Si la víctima no respira inicia RCP inmediatamente (página 78).

✔ Si la salida de sangre es muy evidente o si la herida está en el cuello, tórax o abdomen, llama inmediatamente a la ambulancia.

✔ Recuesta a la víctima.
✔ Tranquiliza a la víctima.

Presión directa:
✔ Consigue una gasa estéril. Si no tienes, usa un lienzo limpio, puede ser una camiseta de algodón o una sábana.
✔ Coloca la gasa sobre la herida y ejerce presión directa con la palma de tu mano. Si ves que el sangrado cesa con la compresión, venda la herida.

✔ Si el sangrado no cesa —si notas que la gasa se sigue mojando—, entonces:

Elevación:
✔ Si la herida está en la cabeza o el cuello, sienta a la persona asegurándote de que no pueda caer.
✔ Si la herida está en piernas o brazos, eleva la extremidad que está sangrando por encima del corazón. Incluso en caso de fractura.

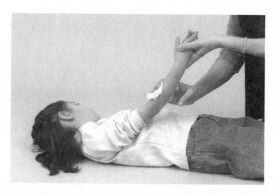

✔ Si la herida está en el tronco y la víctima no tiene lesión en la columna vertebral, recuéstala de tal forma que la herida quede por encima del corazón. Por ejemplo, si la herida está en la espalda, recuéstala boca abajo.

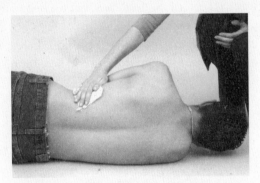

✔ Mientras lo haces, continúa ejerciendo presión directa sobre la herida.
✔ Verifica que la compresión sobre la herida sea correcta.
✔ Si la hemorragia no cesa, entonces:

Punto de presión:
✔ Busca la arteria más cercana entre la herida y el corazón.
✔ Comprime la arteria usando tus dedos o unas pinzas especiales.
✔ Realiza este procedimiento sólo si es absolutamente necesario.

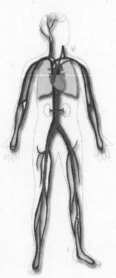

✔ Mantén la compresión, si la hemorragia no se detiene, entonces aplica un:

Torniquete:

✔ Sólo emplea esta técnica si, tras haber aplicado las tres anteriores, no has podido detener la hemorragia y la vida de la víctima corre peligro. Coloca una venda por debajo de la extremidad afectada, a manera de que te queden los dos extremos libres.

✔ Anuda los extremos para que el nudo quede sobre la extremidad lesionada.

✔ Coloca un lápiz o algo parecido sobre el nudo y haz otro nudo para que el lápiz no se mueva.

✔ Comienza a girar el lápiz, conforme más vueltas le des más se ajustará el vendaje a la extremidad de la víctima.

✔ Sigue girando hasta que la sangre deje de salir.

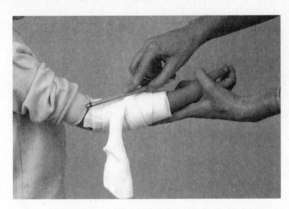

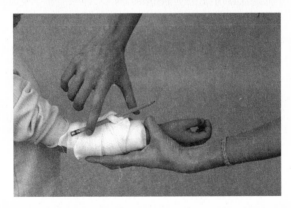

✔ La extremidad comenzará a ponerse muy pálida y perderá por completo la irrigación.

✔ Si la ayuda no ha llegado, lleva a la víctima inmediatamente al hospital.

✔ Una vez instalado el torniquete no puedes quitarlo. Cuando una extremidad sin circulación vuelve a irrigarse sin la supervisión de un médico, el riesgo de pérdida de extremidad por muerte tisular (muerte de tejidos) aumenta, y además se pueden presentar complicaciones sistémicas.

✔ El torniquete debe ser el último paso para controlar la hemorragia.

¿Qué NO hacer?

✘ Nunca asumas que una hemorragia cesará por sí sola.

✘ No coloques a la víctima de tal forma que la zona herida quede por debajo de su corazón.

✘ No dejes de levantar la extremidad sangrante aunque esté fracturada.

✘ No viertas alcohol ni otras sustancias sobre la herida.

RASPONES Y CORTADURAS LEVES

¿Cuáles son los síntomas?

• Pérdida de la continuidad de la piel.

• Enrojecimiento.

• Sangrado.

• Dolor y/o ardor.

• Llanto y ansiedad en niños pequeños.

¿Qué hacer?

✔ Lava perfectamente la herida, de preferencia utiliza una solución médica con base de espuma (como iodopovidona) y agua. Si no tienes, emplea jabón neutro.

✔ Debes restregar la herida para eliminar cualquier partícula de tierra, polvo o fragmentos de vidrio.

✔ De ser posible, cubre la herida con una gasa estéril.

Consideraciones especiales: Si tu pediatra te recomienda el uso de merthiolate o agua oxigenada, aplícalos sólo después de haber limpiado la herida.

¿Qué NO hacer?

✗ No apliques alcohol sobre la herida.

✗ No apliques ningún ungüento sin prescripción médica.

✗ No asumas que la herida cerrará por sí misma.

Hemorragia nasal

Nos puede salir sangre de la nariz por un golpe, por una enfermedad, como la hipertensión, o por exceso de calor.

Normalmente las hemorragias nasales son más escandalosas que graves y no ponen en peligro la vida. Sin embargo, cuando a un niño comienza a salirle sangre de la nariz por un golpe leve o porque hace mucho calor, casi siempre se crea un gran alboroto. Luego, se le pide al niño que eche la cabeza para atrás y se le permite seguir hablando. Al hacer esto, el pequeño traga mucha sangre y después comienza a vomitarla, alarmando a todos los que le acompañan.

No sé por qué esta técnica es tan socorrida, supongo que porque *parece* surtir efecto: Cuando el niño echa la cabeza hacia atrás, quien lo está atendiendo supone que el sangrado ha cesado (ya no lo ve), cuando en realidad lo único que ha conseguido es que la sangre deje de brotar por la nariz (la hemorragia continúa) y se esté yendo al estómago. Una hemorragia nasal no produce vómito, el mal uso de la técnica —el niño nunca debió inclinar la cabeza hacia atrás— es lo que provoca que el niño vomite sangre. Con esto en mente, ahora analizaremos los métodos eficientes para controlar el sangrado nasal.

¿Qué hacer?

Sigue los siguientes pasos, detente cuando la hemorragia esté controlada.

✔ Mantén al niño en silencio y calmado.

✔ Siéntalo y pídele que incline su cabeza un poco hacia delante.

✔ Ejerce presión directa sobre el hueso de la nariz.

✔ Aplica una compresa fría en nariz y cara, principalmente en la frente.

✔ Inserta una gasa seca en una o ambas fosas nasales ejerciendo presión con el dedo índice. Para hacerlo, estira la gasa por completo y enróscala a manera de serpentina. Mete la punta en la nariz ejerciendo presión con tu dedo índice.

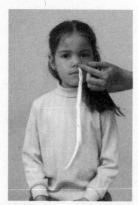

✔ Si tienes vaselina o lubricante, aplícalo en la parte externa del orificio nasal, nunca dentro.

✔ Deja la gasa dentro de la nariz hasta que cese el sangrado.

✔ Retira la gasa con cuidado, es posible que duela pues la sangre se habrá pegado.

¿Qué NO hacer?

✘ No permitas que el niño hable.

✘ No inclines la cabeza del niño hacia atrás.

100

✗ No mojes la gasa que vas a meter en la nariz con agua ni alguna otra sustancia.

✗ No mojes la gasa con lubricantes, como la vaselina, ni permitas que éstos pasen al interior de la nariz. Podrías provocar una embolia grasa.[6]

HEMORRAGIAS INTERNAS

Como recordarás, la hemorragia interna se presenta cuando existe pérdida de sangre pero ésta sale hacia el interior del cuerpo. Ante una hemorragia interna no podremos ver la sangre.

En términos generales las hemorragias internas son el resultado de traumatismos, accidentes automovilísticos, magulladuras o fracturas.

Las hemorragias internas presentan distintos grados de gravedad, pueden ser leves —como un dedo morado—, moderadas, o severas como un sangrado abdominal intenso o una fractura de pelvis.

Las personas que sufren hemorragias internas graves tienen el riesgo de caer en estado de shock, en cuyo caso pueden perder la vida en cuestión de minutos.

¿Cuáles son los síntomas?

- Dolor.
- Hipersensibilidad, al tocar el área lastimada la víctima siente dolor.
- Inflamación en el área.
- Decoloración de los tejidos que rodean al área, la piel se empieza a ver más pálida.
- La piel se torna fría y húmeda.

> **SÍNTOMAS DE SHOCK**
>
> Si después de lesionarse la víctima tiene:
>
> - Palidez extrema.
> - Piel fría, pegajosa y sudorosa.
> - Ojos como apagados.
> - Pulso débil y rápido.
> - Respiración agitada.
> - Debilidad muscular generalizada.
> - Vómito.
> - Sed excesiva.
> - Deterioro de las facultades mentales.
>
> Ve inmediatamente a "SHOCK" (página 201).

Si la hemorragia es severa…

- La frecuencia del pulso aumenta pero se torna más débil, el pulso se acelera pero casi no se siente.

---

[6] La embolia grasa se presenta cuando una partícula grasa, al viajar por los vasos sanguíneos, obstruye las arterias cerebrales y/o pulmonares. En ese sentido, es preferible meter una gasa seca a la nariz, aunque al retirarla duela un poco, que correr este riesgo.

- Hay aceleración en la frecuencia respiratoria, el paciente respira más rápido.
- Mareo.
- Frío generalizado.
- Inquietud descontrolada.
- Vómito o tos con sangre, dependiendo del lugar donde se produjo la herida.
- Orina con sangre, si la persona tuvo laceración o contusión en la parte de la pelvis.
- El dolor y la hipersensibilidad continúan y aumentan.

¿Qué hacer?
- ✔ Si sospechas de hemorragia interna, activa el servicio de urgencias.
- ✔ Valora el ABC: Examina la entrada y salida de aire, la respiración y la circulación. Si la víctima no respira inicia RCP inmediatamente (página 78).
- ✔ Recuerda que si sospechas que hay lesión en la columna debes tener consideraciones especiales (página 106).
- ✔ Afloja la ropa de la víctima. Si trae cinturón o tirantes, quítalos. De ser necesario, corta la ropa. El herido no debe tener nada que le oprima el cuerpo.
- ✔ Acuesta a la víctima boca arriba.
- ✔ Eleva las piernas de la víctima por arriba del corazón, formando con ellas un ángulo de 45 grados con respecto al cuerpo. Para hacerlo, coloca almohadas, troncos o lo que tengas a la mano bajo las piernas.
- ✔ Mantén a la víctima caliente. Usa una cobija o si no cuentas con ella, abraza a la víctima. Si la persona tiene frío, los mecanismos de control de temperatura se dispararán —intentarán bombear más sangre para subir la temperatura— y la hemorragia será mayor.
- ✔ Continúa valorando el ABC hasta que llegue la ambulancia.

¿Qué NO hacer?
- ✘ No mantengas a la víctima de pie.
- ✘ No le des nada de beber. Sólo si estás seguro de que la herida está en una de las extremidades y la persona realmente tiene sed, podrás darle agua.
- ✘ No permitas que ingiera alimentos.

CAPÍTULO 4

Traumatismo cráneo-encefálico y lesión en la columna

Traumatismo cráneo-encefálico

Se define como traumatismo cráneo-encefálico a la lesión física del cuero cabelludo, la cara, el cráneo o el cerebro, o al deterioro funcional del contenido craneal debido a un intercambio brusco de energía mecánica.

El traumatismo cráneo-encefálico se presenta por causas externas y puede causar conmoción, concusión, hemorragia o laceración. En casos extremos puede haber daño del cerebro o del tronco del encéfalo hasta el nivel de la primera vértebra cervical.

Los traumatismos cráneo-encefálicos son la principal causa de muerte por golpe en las personas menores de 15 años y también son la principal causa de retraso mental, epilepsia e incapacidad física. Las principales víctimas del traumatismo encefálico son jóvenes y adultos involucrados en accidentes vehiculares. No obstante, este tipo de traumatismo también se presenta en niños y bebés, siendo las principales causas el caer de la cuna y los accidentes en triciclo o bicicleta.

Las lesiones de la cabeza pueden ser cerradas o penetrantes. En las cerradas, la cabeza soporta una fuerza directa al golpearse contra un objeto; mientras que en las lesiones penetrantes, un objeto rompe el cráneo y penetra en el cerebro (este objeto generalmente se mueve a alta velocidad, como puede ser un arma blanca o cualquier parte de un automóvil durante una colisión).

Al presentarse un traumatismo en la cabeza, el cerebro se mueve dentro del cráneo y se golpea contra los huesos. Por eso las lesiones en la cabeza resultan tan peligrosas.

Para fines de primeros auxilios, lo más adecuado es dividir los golpes de la cabeza en leves y graves, pues sólo un especialista puede determinar la magnitud del daño.

¿Cuáles son los síntomas?

Si el golpe es leve…

Puede ser asintomático o haber:

- Dolor de cabeza.
- Hematoma (moretón).
- Laceración o abrasión del cuero cabelludo.

Si el golpe es grave…

El paciente puede presentar cualquiera de los siguientes síntomas:

- Disminución progresiva de la conciencia, o inconsciencia.
- Dolor de cabeza en aumento.
- Vómito.
- Somnolencia.
- Visión borrosa o doble.
- Pérdida de la memoria.
- Lesiones faciales graves.
- Signos de fractura en la base del cráneo.
- Lesiones penetrantes en el cráneo.
- Fracturas craneales.
- Incapacidad de mover una o más extremidades.
- Cuello rígido.
- Cambios en la pupila.
- Convulsiones.

> **SÍNTOMAS DE SHOCK**
>
> Si después de lesionarse la víctima tiene:
>
> - Palidez extrema.
> - Piel fría, pegajosa y sudorosa.
> - Ojos como apagados.
> - Pulso débil y rápido.
> - Respiración agitada.
> - Debilidad muscular generalizada.
> - Vómito.
> - Sed excesiva.
> - Deterioro de las facultades mentales.
>
> Ve inmediatamente a "SHOCK" (página 201).

¿Qué hacer?

Si el golpe es leve…

✔ Curar los raspones.

✔ Vigilar al niño durante las siguientes 24 horas, incluso si después de pegarse en la cabeza sigue jugando.

Consideraciones especiales: Se debe buscar ayuda médica de inmediato si el niño presenta somnolencia, si el dolor de cabeza no pasa o aumenta, si vomita, si pierde el conocimiento (aunque sea por poco tiempo) o si se comporta de manera inusual.

Si el golpe es grave…

1. Activa el servicio de urgencias.
2. Valora el ABC: Examina la entrada y salida de aire, la respiración y la circulación. Si la víctima no respira inicia RCP inmediatamente (página 78).
3. Si la respiración y la frecuencia cardiaca de la víctima son normales, pero la persona está inconsciente o está vomitando debes asumir que tiene lesionada la columna y deberás evitar moverla, a menos de que por su posición no pueda respirar (página 86).
4. Si la víctima no tiene lesión de cervicales, acuéstala boca arriba en una superficie firme. Si vas a acostarla en el piso, hazlo sobre una manta o alfombra.
5. Si tiene lesiones severas en la parte baja de la cara (la mandíbula) o si está inconsciente, recuéstala de lado. Esto evitará que bronco aspire.
6. Cúbrela ligeramente. Es preferible que pase un poco de frío a que esté demasiado caliente.
7. Si sospechas de una fractura de cráneo y está sangrando, colócale una gasa estéril con un vendaje.
8. Evita que beba cualquier líquido.
9. Revisa constantemente el ABC.

Consideraciones especiales: Los signos y síntomas de las lesiones de la cabeza pueden aparecer inmediatamente o desarrollarse con lentitud después de varias horas o días. Incluso si no hay fractura del cráneo, el cerebro puede chocar contra el interior del cráneo y presentar hematoma o daño. La cabeza puede lucir bien, pero las complicaciones podrían resultar del sangrado dentro del cráneo. Por lo tanto, después de un traumatismo deberás estar pendiente de los siguientes datos de alarma:

1. Somnolencia o adormecimiento fuera de las horas habituales.
2. Falta de memoria.
3. Cambios de carácter.
4. Vómito.
5. Dolor de cabeza especialmente intenso.
6. Tamaño desigual de las pupilas.
7. Pulso por debajo de los rangos normales.
8. Vista doble o borrosa.
9. Alteraciones del equilibrio (inestabilidad, mareo).

¿Qué NO hacer?

✘ No debes aplicar presión directa sobre el lugar de la hemorragia ni retirar los detritos de la herida.
✘ Si la víctima trae casco, no deberás retirarlo, salvo que con él no puedas darle RCP.
✘ No debes lavar la herida de la cabeza si es profunda o está sangrando profusamente.
✘ No retirar ningún objeto que sobresalga de la herida
✘ No mover a la víctima a menos que sea absolutamente necesario.
✘ No levantar a un niño que se ha caído si presenta signos de lesión en la columna.
✘ No suministres aspirinas.
✘ No debe consumir alcohol durante las primeras 48 horas después de sufrir cualquier lesión de la cabeza.

LESIONES EN LA COLUMNA

Las causas de lesión en la columna vertebral son muchas, entre las más frecuentes tenemos accidentes automovilísticos, caída de altura, atropellamiento, ser pisado por un animal (caballo, toro), aventarse de cabeza al agua, lesiones deportivas, lesiones al bebé durante el parto y heridas de bala o puñaladas.

Los traumatismos en la columna vertebral pueden tener como consecuencia lesiones en la médula espinal, en cuyo caso se produce la desconexión de la parte afectada de la médula del resto del sistema nervioso central, de tal manera que la zona que se ubica debajo de la lesión queda aislada. Así, si una persona se lesiona a nivel del tórax, la movilidad del abdomen, el control de esfínteres y las extremidades se verán afectadas.

Después de que una persona ha sufrido una lesión a nivel de la columna, moverla podría significar la diferencia entre la vida y la muerte. Por ello, si sospechas que existe una lesión en la columna, no debes mover al herido ni siquiera mínimamente, a menos de que la situación ponga en peligro la vida; por ejemplo, un automóvil en llamas.

Siempre que dudes si la persona tiene daño en la médula espinal o en las vértebras, deberás suponer que sí lo tiene y actuar en consecuencia.

¿Cuáles son los síntomas?

- Rigidez en el cuello.
- Cabeza en una posición inusual.
- Debilidad muscular.
- Adormecimiento.
- Dolor intenso de cabeza, cuello y/o espalda.
- Parálisis de las extremidades (en casos extremos).
- Pérdida de control de esfínteres.
- Pérdida del conocimiento.

> **SÍNTOMAS DE SHOCK**
>
> Si después de lesionarse la víctima tiene:
>
> - Palidez extrema.
> - Piel fría, pegajosa y sudorosa.
> - Ojos como apagados.
> - Pulso débil y rápido.
> - Respiración agitada.
> - Debilidad muscular generalizada.
> - Vómito.
> - Sed excesiva.
> - Deterioro de las facultades mentales.
>
> Ve inmediatamente a "SHOCK" (página 201).

¿Qué hacer?

- ✔ Activa el servicio de urgencias.
- ✔ No muevas a la víctima antes de que llegue el médico, a menos de que por su posición no pueda respirar o existan factores externos que pongan en peligro su vida (página 86).
- ✔ Si la persona respira normal y tiene pulso, déjala en la posición que la encontraste. Utiliza una chamarra o una sábana enrollada para asegurar su posición y evitar cualquier movimiento. Si la víctima

está inconsciente, debes asumir que ha sufrido lesión medular hasta que se demuestre lo contrario.

✔ Valora el ABC: Examina la entrada y salida de aire, la respiración y la circulación. Si la víctima no respira inicia RCP inmediatamente (página 78).

✔ Recuerda que ante una lesión de columna no deberás hiperextender el cuello para abrir la vía aérea (página 68).

✔ Si la víctima vomita o está sangrando de la cara, voltéala con sumo cuidado sobre su costado para evitar que bronco aspire.

✔ Si la persona tiene una hemorragia u otra lesión deberás darle los primeros auxilios sin moverla.

✔ Mantén a la víctima caliente con una manta.

✔ Valora constantemente el ABC y los datos de shock que aparecen en el recuadro.

Consideraciones especiales: 1) La movilización y transportación de cualquier persona con la columna lesionada deberá realizarla personal especializado para disminuir el riesgo de que las lesiones se agraven. 2) Si el personal calificado no está disponible y te es necesario trasladar a la víctima, deberás pedir la ayuda de varias personas y buscar algún soporte firme y plano para que funcione como camilla. Si no tienes una tabla o algo similar, podrás hacer una camilla con dos palos y una chamarra o abrigo abotonado firmemente que haga las veces de sostén. Entre todos los auxiliadores deberán mover al cuerpo en una sola pieza alineando la cabeza, el cuello y la espalda; la mejor forma de hacerlo es primero colocar a la víctima de lado, en lo que alguien coloca la camilla por debajo, y posteriormente regresarla en bloque a la posición inicial. Sujeta a la víctima con cuerdas o cinturones a la camilla para minimizar el movimiento durante el traslado. 3) Si no hay alguien ayudándote y debes de trasladar a la víctima, arrástrala de la ropa con cuidado, manteniéndola acostada boca arriba o boca abajo, dependiendo de la posición en que la encontraste.

¿Qué NO hacer?
✘ No movilizar a la víctima a menos que corra peligro su vida.

✘ No hiperextender el cuello para abrir la vía aérea.

✘ Si la víctima trae casco, no se lo quites a menos que con él no puedas darle respiración de boca a boca.

CAPÍTULO 5

Fracturas, luxaciones y esguinces

FRACTURAS

UNA FRACTURA es la pérdida de la continuidad del tejido óseo, es decir el rompimiento de un hueso. Éstas pueden producirse por traumatismos, caídas desde altura, accidentes automovilísticos, magullamiento y maltrato, entre otras causas.

Cuando un hueso ya no aguanta la presión puede fisurarse o romperse por completo. Cuando el hueso roto daña los tejidos vecinos llegando hasta la piel se le llama fractura abierta o compuesta, y cuando tras el rompimiento del hueso la piel se mantiene intacta, se le llama cerrada.

En cualquier fractura se produce hemorragia ósea (los huesos sangran). Además cuando un hueso se rompe, también puede lesionar un músculo o algún vaso sanguíneo ocasionando hemorragia.

Existen muchos tipos de fracturas pero todas suponen una urgencia, a continuación describo el tratamiento general y posteriormente indicaciones específicas para las distintas áreas del cuerpo.

¿Cuáles son los síntomas?
- Enrojecimiento de la zona.
- Deformación, ondulaciones o protuberancias.
- Dolor intenso y localizado.

SÍNTOMAS DE SHOCK

Si después de lesionarse la víctima tiene:

- Palidez extrema.
- Piel fría, pegajosa y sudorosa.
- Ojos como apagados.
- Pulso débil y rápido.
- Respiración agitada.
- Debilidad muscular generalizada.
- Vómito.
- Sed excesiva.
- Deterioro de las facultades mentales.

Ve inmediatamente a "SHOCK" (página 201).

109

- Crepitación ósea, (ruidos producidos por el roce de los fragmentos del hueso fracturado).
- Hemorragia.
- Inflamación.
- Pérdida de la función del miembro afectado (a veces).

¿Qué hacer?

✔ Mantén a la víctima inmóvil, bríndale seguridad.

✔ Minimiza el movimiento de la parte afectada.

✔ Valora el ABC: Examina la entrada y salida de aire, la respiración y la circulación. Si la víctima no respira inicia RCP inmediatamente (página 78).

✔ Activa el servicio de urgencias si la lesión pone en riesgo la vida.

✔ Si la herida está sangrando deberás controlar la hemorragia primero (página 94).

✔ Si la piel presenta heridas causadas por el hueso fracturado, debes enjuagar suavemente la herida y cubrirla con un apósito estéril antes de inmovilizar.

Inmovilización:

✔ El objetivo fundamental de la inmovilización es evitar más daño a los tejidos y disminuir el dolor.

✔ Usa una férula para dar soporte al miembro afectado. Si no tienes una, usa cartón, periódico o una tabla.

✔ Con una venda, sujeta la férula a la extremidad. Debe quedar firme pero sin que le corte la circulación.

✔ Normalmente se pone la férula del lado menos afectado.

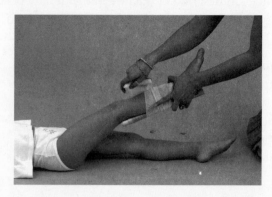

✔ Al inmovilizar se debe incluir la articulación superior y la articulación inmediatamente inferior a la fractura.

✔ Si es una fractura expuesta, deberás llevar a cabo la inmovilización tratando de no generar más daño al tejido blando.

✔ Aplica compresas de hielo inmediatamente para evitar mayor inflamación.

✔ Verifica la circulación del área afectada después de inmovilizarla. Para hacerlo, ejerce presión sobre la piel: ésta debe ponerse blanca y luego "recobrar el color" en no más de dos segundos.

✔ Acuesta a la víctima, eleva sus extremidades inferiores a 45 grados, cúbrela con una manta para prevenir el estado de shock.

✔ Valora constantemente el ABC.

Consideraciones especiales: Si pareciera que la circulación es insuficiente (piel pálida o azulada, adormecimiento, hormigueo o pérdida de pulso) y no se dispone de personal capacitado rápidamente, se debe intentar realinear la extremidad; esto causa mucho dolor por lo que si dispones de un analgésico fuerte es el momento de darlo. La alineación se logra ejerciendo tracción sobre los extremos rotos de tal forma que el hueso quede lo más lineal posible. Una vez que los extremos del hueso estén alineados debes entablillar.

¿Qué NO hacer?

✘ No intentes enderezar el hueso a menos que la circulación parezca afectada.

✘ No permitas que la víctima ingiera ningún líquido o alimento.

✘ No muevas a la víctima a menos que el área lesionada esté completamente inmovilizada.

✘ No muevas a la víctima si tiene lesión en la cadera, pelvis o fémur, a menos que sea absolutamente necesario.

✘ Nunca dejes una fractura, o sospecha de fractura, sin atención médica.

FRACTURAS ESPECÍFICAS Y CONSIDERACIONES ESPECIALES

Fracturas en tallo verde: Estas fracturas ocurren únicamente en niños y se llaman así porque cuando se rompe el hueso es como si se rompiera una rama verde, es decir, el hueso no se llega a separar por completo pero sí se astilla. Este tipo de fracturas no siempre duelen y no son tan evidentes. El diagnóstico de este tipo de fracturas se debe de confirmar con rayos X.

Fractura de cráneo: Ver traumatismo cráneo-encefálico (página 103).

Fracturas de huesos de la cara: Se debe sospechar de una fractura si hay inflamación, si hay una decoloración importante, o si la zona está deprimida o adormecida al tacto. Si una persona se golpeó en la cara, deberás tocar el área y comprobar si presenta la misma sensibilidad de un lado y del otro. Cuando hay fractura de órbita —cavidad donde se localiza el ojo— normalmente se presentan alteraciones en la visión, es decir, la persona ve doble.

Fracturas de nariz: Pueden causar dificultad para respirar. Normalmente no constituyen una urgencia, de cualquier forma valora el ABC, controla la hemorragia y acude al médico.

Fracturas en el tórax: Son causadas por golpes fuertes en las costillas. El principal peligro de estas fracturas es la perforación que la misma costilla fracturada puede causar en la pleura o en los pulmones. Cuando estas heridas están abiertas, es decir, cuando podemos ver la costilla penetrando en la pleura o el pulmón, el aire puede salir. Para evitar la salida de aire, debe introducirse un trozo de gasa o un tampón en el pulmón o pleura y luego sujetarlo con una venda elástica para que el pulmón no se colapse.

Fractura de clavícula: Es importante inmovilizar el lado afectado con un columpio o cabestrillo.

Fractura de columna vertebral: Ver lesión de columna (página 106).

Fractura de tobillo: Inmovilizar de la rodilla hacia abajo incluyendo el pie.

Fractura de brazo: Inmovilizar muñeca y codo, o codo y hombro. Si no causa más dolor, hay que poner un columpio en lo que se transporta a la persona al hospital.

Fractura de cadera: Cuando la fractura es en la cadera y el paciente es un niño, se le puede cargar sin mover sus piernas y llevarlo al hospital. Si no lo puedes cargar, no deberás moverlo de donde se cayó y esperar a que llegue la ayuda médica, ya que el hueso fracturado puede dañar muchas estructuras que están adentro de la pelvis.

Consideraciones especiales: Después de que se haya puesto un yeso y el paciente regrese a casa, es importante estar alerta de complicaciones causadas por un yeso muy apretado. La inflamación que se presenta tras una fractura es difícil de predecir, por lo que es muy común que el yeso corte la circulación del miembro lesionado.

LUXACIONES

Las luxaciones también se conocen como dislocación y se presentan cuando se pierde la relación anatómica del cartílago o hueso a nivel de la articulación. Las luxaciones pueden ser parciales o totales, es decir, el hueso puede desplazarse en un segmento de la articulación o salir por completo de su articulación.

Generalmente las luxaciones son causadas por trauma directo, pero pueden ser congénitas (el bebé puede haber nacido con luxaciones) o patológicas (cuando alguien tiene luxaciones de repetición).

¿Cuáles son los síntomas?
- Dolor intenso e incapacitante.
- Pérdida de la función, limitación de movimientos.
- Inflamación.
- Equimosis (moretón).
- Los síntomas son muy similares a la fractura y como es difícil diferenciarlas deberás tratarlas de la misma forma.

Esguinces

Un esguince es una lesión completa o incompleta a nivel de la articulación en lo que se conoce como el aparato capsuloligamentario. Los esguinces son ocasionados por un movimiento forzado más allá de los límites normales y en un sentido contrario a la articulación. Hay diferentes tipos de esguince.

1. **Esguince de primer grado** es una ruptura mínima de las fibras ligamentosas. Esto es el resultado de la distensión de los ligamentos que unen a los huesos. Hay inflamación mínima y el paciente puede retomar las actividades deportivas en 2 ó 3 semanas.
2. **Esguince de segundo grado** supone una ruptura de un mayor número de fibras ligamentosas o capsulares. Aquí la inflamación es inmediata y generalmente el paciente precisa un periodo de reposo de 2 ó 3 semanas antes de volver a la actividad normal.
3. **Esguince de tercer grado** es el más grave y supone la ruptura completa de uno o más ligamentos y la cápsula. A veces se requiere cirugía y se requieren de 8 semanas o más para que los ligamentos cicatricen.

¿Cuáles son los síntomas?
- Inflamación.
- Dolor.
- Dependiendo del grado del esguince, pérdida parcial o total de la movilidad y funcionalidad del área afectada.

¿Qué hacer?
- Mantén inmóvil el área afectada de la víctima.
- Elimina toda carga sobre el área afectada.
- Coloca un vendaje elástico, esto protege el ligamento lesionado y reduce la inflamación. La tensión del vendaje debe ser firme y uniforme, pero nunca debe estar demasiado apretado.
- Aplica hielo sobre el área afectada. Llena una bolsa de plástico con hielo triturado y colócala sobre la zona inflamada, mantén el hielo durante periodos aproximados de 30 minutos.

✔ Mientras aplicas el hielo, eleva la zona lesionada por encima del corazón y continúa el procedimiento en las horas siguientes con el vendaje de compresión colocado.

✔ Evita que el paciente apoye el área afectada hasta que el dolor se resuelva. Si hay dolor al caminar, el uso de muletas evitará que la lesión progrese.

✔ Aunque los esguinces no son una urgencia médica, siempre deben ser valorados por un especialista.

Consideraciones especiales: El objetivo primario del tratamiento es evitar el edema que se produce tras la lesión por lo que mantener reposo es parte esencial del proceso de recuperación. Dependiendo de la severidad de la lesión se puede requerir de una férula o un yeso para prevenir mayores daños y acelerar la cicatrización del ligamento.

CAPÍTULO 6

Quemaduras

UNA QUEMADURA es la descomposición del tejido orgánico por el calor o por una sustancia cáustica o corrosiva. Puede producirse por agentes físicos, como puede ser el calor seco, el calor húmedo, los líquidos incandescentes, la fricción, o la electricidad; por agentes químicos, como pueden ser los ácidos (como el clorhídrico, el sulfúrico o el acético), los álcalis, los oxidantes (como el hipoclorito de sodio), los cáusticos (como la sosa o cal viva), los corrosivos (como fósforo o metal sódico), los adherentes (como el alquitrán); o por agentes radioactivos, como pueden ser los rayos X, los rayos ultravioletas, los rayos solares, o por descargas eléctricas de diferentes voltajes.

Las quemaduras son lesiones específicas de los tejidos blandos —ya sea la piel o los músculos— y de sus estructuras adyacentes. Las quemaduras afectan las funciones de la piel, como son la protección contra las infecciones, y contra la pérdida del calor o líquidos, y pueden provocar condiciones como la sepsis, la deshidratación o la hipotermia. Las quemaduras en la cara, manos, pies y genitales pueden ser particularmente graves.

Ante una quemadura, siempre debemos tomar en cuenta la posibilidad de que la víctima haya inhalado gases calientes, sobre todo vapor, ya que esto puede provocar alteraciones a nivel pulmonar. Las víctimas menores de 4 años o mayores de 60 tendrán una mayor probabilidad de complicaciones y muerte a causa de quemaduras graves.

Las quemaduras más comunes se producen con flama, líquido caliente (como puede ser la sopa o el agua), vapor, superficie caliente (puede ser una sartén o la plancha), químicos cáusticos para uso doméstico, electricidad y exposición excesiva al sol. Las causas más raras pueden ser por contacto con un metal incandescente o por la radiación.

Dentro de las más serias están las que son causadas por electricidad y por químicos cáusticos.

Por su gravedad, las quemaduras se dividen en tres: quemaduras de primer grado: sólo involucran la epidermis; quemaduras de segundo grado: además de la epidermis están involucradas capas más profundas de la piel —la dermis, la fascia superficial y la región reticular—; y quemaduras de tercer grado: afectan todos los estratos de la piel: desde la epidermis hasta los vasos, nervios, glándulas, folículos pilosos y papilas.

REGLA DEL NUEVE:

Se usa para valorar la superficie corporal quemada.

En los adultos la superficie corporal se divide en 11 áreas y cada área corresponde al nueve por ciento. Los porcentajes van de la siguiente forma:

• La cabeza es 9 por ciento.

• Cada brazo es 9 por ciento.

• El torso (el tórax y el abdomen en la parte anterior) es 9 más 9, o sea 18 por ciento.

• La parte posterior del torso (espalda y glúteos) es 18 por ciento.

• Cada pierna es 18 por ciento.

• El perineo es 1 por ciento.

• En los niños los porcentajes son los siguientes:

• La cabeza sería 18 por ciento.

• Cada brazo, 9 por ciento.

• El torso en la parte anterior 18 por ciento, en la posterior 18 por ciento,

• Cada pierna 14 por ciento, y el perineo 1 por ciento.

¿Cuáles son los síntomas?

Las quemaduras van a tener diferentes signos y síntomas dependiendo de la profundidad de la lesión.

Si la quemadura es de primer grado...

- Dolor.
- Enrojecimiento e inflamación de la zona (eritema y edema).

SÍNTOMAS DE SHOCK

Si después de lesionarse la víctima tiene:

- Palidez extrema.
- Piel fría, pegajosa y sudorosa.
- Ojos como apagados.
- Pulso débil y rápido.
- Respiración agitada.
- Debilidad muscular generalizada.
- Vómito.
- Sed excesiva.
- Deterioro de las facultades mentales.

Ve inmediatamente a "SHOCK" (página 201).

Si la quemadura es de segundo grado:

- Enrojecimiento con partes blanquecinas.
- Inflamación.
- Dolor y ardor intenso, muy localizado.
- Aparición de ámpulas.
- Extrema sensibilidad y tumefacción.

Si la quemadura es de tercer grado:

- El tejido se ve muerto, puede estar traslúcido, muy pálido o carbonizado.
- Se pueden ver las venas o arterias quemadas.
- No hay dolor.
- Olor a piel quemada.

Si la quemadura es en las vías respiratorias:

- Boca carbonizada, labios quemados.
- Quemaduras en la cabeza, cara o cuello.
- Estridor al respirar.
- Tos.
- Ronquido.
- Sibilancias, silbidos al respirar.
- Cambio en el tono de la voz.
- Dificultad respiratoria.
- Pelos de la nariz o de las cejas chamuscados.
- Moco oscuro o con manchas de carbón.

¿Qué hacer?

Si las quemaduras se produjeron durante un incendio, verifica que la persona no esté intoxicada por monóxido de carbono (página 169).

Si la quemadura es de primer grado:
- ✔ Si no hay rupturas en la piel, deja correr agua fría sobre el área de la quemadura o sumérgela en agua fría (pero no helada) durante por lo menos cinco minutos. Colocar una toalla limpia, húmeda y fría también ayuda a reducir el dolor.
- ✔ Calma y dale confianza a la víctima.
- ✔ Cubre la quemadura con una gasa estéril y sujétala con un vendaje elástico. Si no tienes, usa un trozo de tela limpia.
- ✔ Utiliza algún medicamento para el dolor (acetaminofen o ibupofeno).

Si la quemadura es de segundo o tercer grado:
- ✔ Retira al paciente de la fuente de calor o de los humos.
- ✔ Si la quemadura fue provocada por una sustancia, quítale la ropa al paciente y enjuaga la lesión bajo un chorro de agua fría (no helada).
- ✔ Si la persona se está incendiando, asegúrate que se tire al piso inmediatamente y hazla rodar por el suelo para apagar las llamas. Échale agua o envuélvela en un abrigo o manta (de fibras no sintéticas) para sofocar el fuego completamente.
- ✔ Llama inmediatamente a la ambulancia.
- ✔ Valora el ABC: Examina la entrada y salida de aire, la respiración y la circulación. Si la víctima no respira inicia RCP inmediatamente.
- ✔ Asegúrate de que la víctima esté respirando. De no ser así, abre su vía aérea y de ser necesario comienza a darle respiración artificial. Si sospechas de lesión de cervicales revisa la página 86.
- ✔ Retira la ropa antes de que se adhiera a la piel. Si al intentar retirarla, notas que ya está pegada, no trates de separarla.
- ✔ Irriga el área quemada con agua por lo menos durante 20 minutos.
- ✔ Continúa la irrigación si es que la quemadura fue en la cara y/o los ojos estuvieron involucrados.
- ✔ Cubre el área quemada con una gasa estéril, húmeda y fría, y sujétala con una venda cuidando de no cortar la circulación ni causar una

120

lesión mayor. Si no tienes gasa, usa una playera o cualquier trapo limpio de algodón que tengas a la mano. Una sábana también puede servir si el área de la quemadura es muy extensa.

✔ Si los dedos de las manos o de los pies sufrieron quemaduras, sepáralos con compresas secas, estériles y no adhesivas.

✔ Eleva el área quemada por encima del nivel del corazón y protégela de presiones o fricciones.

✔ Acuesta a la víctima elevándole las piernas a un ángulo de 45 grados con relación al cuerpo y cúbrela con una manta o abrigo para prevenir el estado de shock. No deberás colocar a la víctima en esta posición si sospechas de lesiones en la cabeza, cuello, espalda o piernas, o si la víctima se siente incómoda.

✔ Continúa observando los signos vitales de la víctima y comprueba que no presente los síntomas que aparecen en el recuadro de shock.

Consideraciones especiales: Las quemaduras que rodean un área —como si se tratara de un anillo— son de especial importancia sobre todo cuando son en el cuello o en el tórax, pues ponen en peligro la vida. Las quemaduras circunferenciales de los miembros inferiores restringen la circulación. Cuando hay quemaduras circunferenciales que estén restringiendo la respiración, obstruyendo la vía área o limitando la circulación periférica, el médico deberá hacer incisión con bisturí, a esto se le llama escarotomía. Si te encuentras en un lugar muy apartado y no hay un médico que pueda hacerla, deberás hacerla tú. La incisión debe hacerse longitudinalmente (como si estuvieras cortando un anillo) cortando únicamente la piel quemada. Las incisiones deben estar alineadas longitudinalmente respecto a la parte cilíndrica del cuerpo. Posteriormente cubre la herida con una gasa húmeda y un vendaje elástico. *Este procedimiento sólo deberá realizarse si la vida de la persona quemada corre peligro.*

¿Qué NO hacer?

✘ No apliques ungüentos ni cualquier otro remedio casero para quemaduras, ya que esto puede interferir con el proceso de curación.

✘ Evita romper cualquier ampolla causada por la quemadura.

✘ No quites la ropa que esté adherida a la piel.

✗ No apliques hielo.

✗ No permitas que la quemadura se contamine.

✗ No soples sobre el área quemada pues se contaminará.

✗ No toques la piel muerta o ampollada.

✗ No permitas que la víctima ingiera alimentos, bebidas o medicamentos si la quemadura es grave.

✗ No sumerjas a la víctima quemada en agua fría pues hacerlo puede causar shock.

✗ No suministres aspirina a niños menores de 12 años.

✗ No coloques almohadas debajo de la cabeza de la víctima si hay quemaduras de las vías respiratorias y la víctima está acostada.

¿Cuándo se debe consultar al médico?

• Cuando haya más de 10 por ciento de la superficie corporal quemada.

• Cuando haya quemaduras de tercer grado, sin importar qué porcentaje de la superficie supongan.

• Cuando la víctima de la quemadura esté en los extremos de la vida; es decir cuando se trate de un bebé o un niño muy pequeño o un anciano.

• Si se presentan signos de deshidratación como sed, resecamiento de la piel, vértigo, mareo o disminución de la micción.

• Cualquier quemadura que involucre la cara, las manos, los pies o el perineo.

• Cuando haya quemaduras circunferenciales (en forma de anillo).

• Si la persona es diabética o padece inmunodepresión.

• Cuando las quemaduras estén sobre las articulaciones.

• Ante cualquier quemadura química o por inhalación.

• Cuando haya un trauma coexistente.

• Si el dolor continúa después de 48 horas.

• Si se presentan signos de infección: aumento del dolor, enrojecimiento, inflamación, drenaje o pus de la quemadura, inflamación de los ganglios linfáticos, líneas rojas que se diseminan desde la quemadura, o fiebre.

• Ante cualquier quemadura que no parezca accidental, como pueden ser pies o manos quemadas en forma de calcetín o guante, en los genitales, o en el perineo, pues puede tratarse de un abuso y definitivamente se tiene que acudir al médico.

Quemaduras por descargas eléctricas

Es una lesión en la piel o en los órganos internos producto de la exposición a una corriente eléctrica. El cuerpo humano es un buen conductor de la electricidad y el contacto directo con una corriente eléctrica puede ser fatal.

Aunque las quemaduras eléctricas parezcan menores pueden estar escondiendo una superficie interna quemada muy grande, las quemaduras eléctricas suelen ser muy profundas y el daño se extiende a muchos tejidos.

Las consecuencias de un shock eléctrico en un individuo dependen de la intensidad del amperaje y el voltaje de la fuente eléctrica, la duración de la exposición y la resistencia de los tejidos, la ruta de la corriente a través del cuerpo, el estado de salud de la víctima y la rapidez y precisión del tratamiento. El hueso es el tejido que presenta mayor resistencia y, por lo tanto, genera las máximas temperaturas y el daño se propaga hacia el músculo.

Una corriente eléctrica puede causar lesiones de tres tipos:
1. Arritmias y/o paro cardiaco por la interferencia con la electricidad.
2. Destrucción masiva de músculos y vísceras.
3. Quemaduras térmicas por contacto.

¿Cuáles son los síntomas?

- Alteraciones cardiacas, arritmia, fibrilación.
- Entumecimiento y hormigueo.
- Disfunción miocárdica o neurológica.
- Músculos contraídos.
- Dolor muscular intenso.
- Dolor de cabeza.
- Cabello y/o piel chamuscada.
- Insuficiencia respiratoria.
- Paro cardiaco.
- Pérdida del conocimiento.

> ### Síntomas de Shock
> Si después de lesionarse la víctima tiene:
> - Palidez extrema.
> - Piel fría, pegajosa y sudorosa.
> - Ojos como apagados.
> - Pulso débil y rápido.
> - Respiración agitada.
> - Debilidad muscular generalizada.
> - Vómito.
> - Sed excesiva.
> - Deterioro de las facultades mentales.
>
> Ve inmediatamente a "SHOCK" (página 201).

¿Qué hacer?

✔ La separación de la fuente eléctrica es la maniobra obvia inicial mediante la interrupción de la corriente eléctrica. Para interrumpir el flujo de corriente eléctrica deberás desconectar el cable, retirar el fusible de la caja y apagar los interruptores automáticos. Con frecuencia el flujo de electricidad no se interrumpe con sólo apagar el artefacto.

✔ Si no puedes apagar el flujo de corriente debes de separar a la víctima sin tocarla con tus manos, usando elementos no conductivos, tales como madera, materiales plásticos o sintéticos, tela seca, un cinturón de cuero, etcétera. También deberás pararte sobre un material no conductor como una pila de periódico.

✔ Llama a una ambulancia.

✔ Una vez que la víctima está lejos de la fuente de electricidad, valora el ABC: Examina la entrada y salida de aire, la respiración y la circulación. Si la víctima no respira inicia RCP inmediatamente (página 78).

✔ Las lesiones eléctricas suelen provocar explosiones y caídas que producen lesiones traumáticas adicionales, tanto externas y obvias, como internas y ocultas. Si sospechas de lesión en la columna por caída de altura o por la misma fuerza de la corriente eléctrica, actúa en consecuencia (página 106).

✔ Si la víctima tiene quemaduras se le debe quitar toda la ropa que salga con facilidad y mojar el área quemada con agua fría.

✔ Debes buscar el área quemada por donde entró y salió la corriente.

✔ Acuesta a la víctima elevándole las piernas a un ángulo de 45 grados con relación al cuerpo y cúbrela con una manta o abrigo para prevenir el estado de shock. No deberás colocar a la víctima en esta posición si sospechas de lesiones en la cabeza, cuello, espalda o piernas, o si la víctima se siente incómoda.

✔ Valora constantemente el ABC y comprueba que no presente los síntomas que aparecen en el recuadro de shock.

✔ Descarta otras lesiones. Es importante ver los ojos y buscar si hay o no quemadura en la córnea.

✔ Debes permanecer con la víctima hasta que llegue ayuda médica.

¿Qué NO hacer?

✘ No te acerques a menos de 6 metros de una persona que se está electrocutando con corriente eléctrica de alto voltaje hasta que el flujo de energía haya sido interrumpido.

✘ No toques a la víctima con las manos descubiertas mientras siga en contacto con la fuente de electricidad.

✘ No muevas la cabeza ni el cuello de la víctima si sospechas que hay una lesión en la columna.

✘ No quites la piel muerta ni rompas las ampollas.

✘ No apliques hielo ni ungüentos sobre las quemaduras.

✘ No muevas a la víctima a menos que corra riesgo de sufrir otro accidente.

✘ No toques la piel de una persona que ha sido electrocutada.

CAPÍTULO 7

Ahogamiento

EN INGLÉS esta condición recibe el nombre de *near-drowning*, que vendría a ser algo así como "cerca de ahogarse". En español el término médico es ahogamiento, quizá porque en nuestro idioma ahogar no sólo significa quitar la vida impidiendo la respiración, sino también sumergir algo en agua.

El ahogamiento puede ser mojado o seco. El ahogamiento mojado se presenta cuando el agua entra a los pulmones alterando la función pulmonar. El ahogamiento seco es menos común y se presenta por un espasmo en la vía aérea que no permite que ni el agua ni el aire entren a los pulmones.

La primera acción que debe llevarse a cabo cuando una persona se está ahogando es sacarla del agua, sin embargo, si la víctima se encuentra en un lugar que suponga un riesgo para ti (como el mar o un lago) y no has tomado cursos de salvavidas, será mejor que busques a una persona más capacitada para que lo haga, pues quienes están ahogándose suelen estar muy ansiosos y en su intento por respirar pueden golpear, agarrarse del cuello o sumergir (y ahogar) a quien los está auxiliando.

Las principales víctimas de muerte por ahogamiento son varones jóvenes. Sin embargo, también es una importante causa de muerte en niños en edad preescolar. Los niños pequeños tienen más riesgo de ahogarse cuando en su casa hay alberca; pero desgraciadamente también es común que mueran ahogados en tinas, inodoros, cisternas, fuentes y cubetas.

En ocasiones las personas mueren en el agua por un ataque cardiaco, por embolia o por exceso de ejercicio. Esta es la razón por la que ninguna persona debe sumergirse en agua despúes de haber comido o estando muy fatigada. Los calambres en piernas y brazos incapacitan al nadador y puede ahogarse. Por esto es tan importante no hacer ejercicio en el agua después de comer.

¿Cuáles son los síntomas?

- Palidez.
- Tos.
- Distensión abdominal.
- Color azul en mucosas y piel.
- Vómito.
- Respiración rápida y dificultosa o ausente.
- Pulso acelerado y débil, o ausente.
- Confusión.

> #### SÍNTOMAS DE SHOCK
>
> Si después de lesionarse la víctima tiene:
>
> - Palidez extrema.
> - Piel fría, pegajosa y sudorosa.
> - Ojos como apagados.
> - Pulso débil y rápido.
> - Respiración agitada.
> - Debilidad muscular generalizada.
> - Vómito.
> - Sed excesiva.
> - Deterioro de las facultades mentales.
>
> Ve inmediatamente a "SHOCK" (página 201).

¿Qué hacer?

- ✔ Grita pidiendo ayuda y activa el servicio de urgencias.
- ✔ Si estás capacitado, saca a la víctima del agua; si no, continúa gritando y lánzale una cuerda.
- ✔ Cuando la víctima esté fuera del agua, recuéstala, voltea su cabeza hacia uno de los lados y ejerce una presión leve en su abdomen.
- ✔ Si la víctima está respirando y echando el agua, será capaz de sacar el resto del agua por sí misma. En este caso sólo deberás esperar a que se recupere poniendo atención en que sus síntomas no empeoren y no deberás permitirle caminar.
- ✔ Si la persona no está respirando, voltéala boca arriba e inicia RCP inmediatamente (página 78).
- ✔ Después de cada ventilación voltea a la víctima hacia su lado izquierdo para que pueda expulsar el agua sin riesgo de bronco aspirar.
- ✔ Verifica que no tenga síntomas de hipotermia (página 133).
- ✔ Lleva a la víctima al hospital.

¿Qué NO hacer?

- ✘ No trates de dar RCP dentro del agua a menos que estés capacitado.
- ✘ No te des por vencido.

Consideraciones especiales: Las personas que estuvieron a punto de morir ahogadas deben permanecer bajo supervisión médica constante, de preferencia en un hospital. Las muertes por ahogamiento que pudieron ser prevenidas se producen generalmente después de 48 horas de la resucitación cardiopulmonar inicial.

CAPÍTULO 8

Lesiones por frío

LAS LESIONES por frío se producen ante una severa disminución de la temperatura corporal y pueden ser cutáneas o sistémicas, siendo las primeras por congelación y las segundas por hipotermia.

Para prevenir las lesiones por frío es importante cubrirse bien. Sin embargo esto no siempre es posible. Si te encuentras en un lugar muy apartado a temperaturas muy bajas y no tienes con qué cubrirte, podrás prevenir la hipotermia llenando tu camisa y las piernas de tus pantalones con hojas secas o con el relleno de los asientos de tu automóvil y atando en la bastilla del pantalón las agujetas de tus zapatos.

CONGELACIÓN

Las lesiones por frío por lo general se localizan en los dedos, las manos, los pies, la cara y las orejas, pues son áreas por las que proporcionalmente circula menos sangre y están más expuestas al frío. La lesión más común es lo que se conoce como congelación. Y es, de hecho, una congelación de los tejidos corporales que se presenta como consecuencia de estar expuestos a temperaturas por debajo de cero grados centígrados.

Las lesiones por congelación pueden ser superficiales o severas dependiendo de la profundidad de los tejidos afectados. La severidad de las lesiones dependerá del tiempo que permanezca el tejido congelado y de la temperatura ambiental; los daños sólo podrán evaluarse una vez que el tejido se descongele.

¿Cuáles son los síntomas?

Si la congelación es superficial...

- Sensación de quemadura en el área afectada.
- Dolor.
- Entumecimiento.
- Color grisáceo o amarillento en la piel.
- Al tocar, el área afectada se siente suave.

Si la congelación es profunda...

- Insensibilidad en el área afectada: el dolor y el entumecimiento desaparecen.
- Apariencia cérea.
- El tejido congelado se torna duro al tacto.

¿Qué hacer?

Si la congelación es superficial...

- ✔ Aléjate o aleja a la víctima del frío.
- ✔ Coloca el área congelada del paciente sobre una superficie corporal cálida. Si el daño te ha ocurrido a ti, simplemente pon tu mano afectada en tu pecho por debajo de la ropa o caliéntate las orejas con tus manos (esto es algo que hacemos naturalmente). Si se trata de un niño pequeño, puedes calentar su mano afectada con tus manos o poniéndola debajo de tu axila.
- ✔ Estas lesiones sólo deben ser calentadas a temperatura corporal.
- ✔ Verifica si las condiciones de la piel mejoran.
- ✔ Valora los síntomas para descartar que se trate de una congelación profunda.

Si la congelación es profunda...

- ✔ Lleva a la víctima a un ambiente cálido y abriga su extremidad afectada.
- ✔ Si no puedes cambiar a la persona de lugar o no cuentas con una manta, coloca su área afectada sobre tu piel, de preferencia sobre tu pecho, para irradiarle tu calor.
- ✔ Activa el servicio de urgencias.
- ✔ Valora el ABC: Examina la entrada y salida de aire, la ventilación y la circulación. Si el paciente no respira ni se mueve, inicia RCP inmediatamente (página 78).

✔ Si la víctima está consciente, puedes darle bebidas calientes (no alcohólicas).

✔ Lleva a la víctima inmediatamente al hospital.

✔ Mientras transportas a la víctima al hospital, mantenla caliente pero evita sumergir la extremidad afectada en agua caliente.

¿Qué NO hacer?

✘ No sumerjas la extremidad afectada en agua caliente. Esto sólo deberá hacerse en un hospital y por personas calificadas, pues de lo contrario el riesgo de gangrena aumenta.

✘ No fricciones ni masajees el área congelada.

✘ No permitas que la víctima fume, el tabaco provoca mayor vasoconstricción.

✘ No asumas que el congelamiento pasará por sí solo. Incluso las lesiones superficiales deben ser vigiladas atentamente, pues pueden convertirse en lesiones severas.

Consideraciones especiales: Las extremidades congeladas pueden mejorar en el curso de días o semanas. No es correcto efectuar amputación temprana de la zona congelada. Por otro lado, si te resulta imposible llevar a la víctima al hospital, puedes introducir la parte afectada en agua tibia, no caliente.

HIPOTERMIA

La hipotermia se presenta cuando la temperatura interna del cuerpo disminuye por debajo de los 35°C. La hipotermia leve se da cuando la temperatura corporal es de 35 a 33°C, la moderada de 32 a 28°C, y la hipotermia severa es de menos de 27°C; esta última también se conoce hipotermia profunda cuando va de los 27 a los 9°C, siendo muy difícil que la víctima salga de esta condición.

La hipotermia se debe a la exposición al clima frío. Por ejemplo, una persona que cae abruptamente en aguas congeladas; quienes están ahogándose en aguas con temperatura menores a 21°C, o un conductor que sale de su vehículo y camina a la intemperie con lluvia y vientos congelantes.

La hipotermia secundaria se debe a una alteración de base accidental, como puede ser la exposición al frío extremo por intoxicación, por fármacos, hipoglucemia o intencionalmente, durante una cirugía a nivel hospitalario.

El cuerpo humano tiene una capacidad limitada para aumentar su temperatura; la hipotermia ocurre cuando el cuerpo no llega a producir el calor necesario. Esta condición afecta a todos los órganos del cuerpo y la terapia empleada para calentar al paciente será la que nos permita sacarlo adelante. En este sentido, es importante contar con una sábana de aluminio en tu botiquín o en el coche (si vives en ambientes fríos); se pueden comprar en tiendas especializadas en productos médicos.

Durante la hipotermia, las funciones respiratoria y cardiaca pueden estar ausentes y posteriormente el paciente puede recuperarse. Por eso es tan importante valorar el ABC y hacer lo que corresponda según el caso.

Existen otras situaciones en las que no se puede controlar la temperatura. Por ejemplo, cuando hay alteraciones a nivel central, cuando la persona ha tenido alteraciones de la médula ósea o un accidente cerebro-vascular, cuando hay alteraciones en la termorregulación a nivel periférico, ya sea por neuropatía o diabetes, cuando la persona está intoxicada por benzodiacepinas, alcohol, drogas, o cuando ha sufrido episodios largos de anorexia.

Tienen riesgo de padecer hipotermia las personas con alteraciones mentales, quienes practican deportes en temperaturas muy frías, los indigentes o las personas ebrias que se quedan dormidas en las calles, los ancianos o las personas desnutridas por tener una tasa metabólica reducida y los niños, pues proporcionalmente tienen una mayor área de superficie corporal y menos reservas de energía. La hipotermia también puede presentarse en un día lluvioso con temperaturas inferiores a 15°C ¡y pasar inadvertida!

¿Cuáles son los síntomas?

- Palidez extrema.
- Piel muy fría.
- Temblor.
- Mareo.
- La persona puede estar poco comunicativa o comenzar a desvariar.

SÍNTOMAS DE SHOCK

Si después de lesionarse la víctima tiene:

- Palidez extrema.
- Piel fría, pegajosa y sudorosa.
- Ojos como apagados.
- Pulso débil y rápido.
- Respiración agitada.
- Debilidad muscular generalizada.
- Vómito.
- Sed excesiva.
- Deterioro de las facultades mentales.

Ve inmediatamente a "SHOCK" (página 201).

- Pérdida de la coordinación muscular.
- Letargia severa.
- Insensibilidad.

¿Qué hacer?

✔ Lleva a la víctima a un lugar cálido. De no ser posible colócala sobre una superficie seca y resguárdala del viento.

✔ Quítale la ropa mojada cortándola y sustitúyela por ropa seca.

✔ Activa el servicio de urgencias, especialmente si la víctima está confundida o tiene deterioro de las facultades mentales.

✔ Valora el ABC: Verifica la entrada y salida de aire, la respiración y la circulación. Si la víctima no respira inicia RCP inmediatamente (página 78). Si la persona tiene una frecuencia respiratoria menor a seis deberás iniciar con la respiración de boca a boca.

✔ Cubre y calienta a la víctima con un cobertor seco o con una sábana de aluminio. Esto es importantísimo pues los pacientes que han caído en hipotermia pueden fallecer muy rápido.

✔ Si no cuentas con qué calentarla, deberás abrazarla usando todo tu cuerpo. Si las extremidades de la víctima aún son flexibles pídele que las mueva, o muévele suavemente sus piernas y brazos pero no los frotes.

✔ Si las extremidades están completamente congeladas, no intentes moverlas.

✔ Si la víctima está consciente, puedes darle bebidas calientes (no alcohólicas).

✔ Si la víctima tiene una intoxicación etílica y por eso cayó en hipotermia, dale tiamina (vitamina B1) para que pueda metabolizar mejor el alcohol. Si el alcohol no es metabolizado, seguirá condicionando la hipotermia.

✔ Lleva a la víctima inmediatamente al hospital.

✔ Mientras transportas a la víctima al hospital, mantenla caliente. Podrás ponerle compresas calientes en el cuello, tórax o ingle, pero evitando calentar las extremidades antes que el tórax, pues puede ser fatal.

¿Qué NO hacer?

✘ No introducir a la víctima en agua caliente.

✘ No asumas que una persona congelada está muerta.

✗ No dejes dar RCP mientras la persona siga estando "fría".

✗ No dejes al paciente solo, ni siquiera si sus signos vitales son estables.

✗ No des masaje en las zonas congeladas.

✗ No sumerjas las extremidades de la víctima en agua caliente.

✗ No permitas que la persona siga perdiendo calor (consulta la sección de temperatura para recordar cuáles son los mecanismos por los que se pierde calor).

Consideraciones especiales: Si la persona no tiene pulso o no respira debes continuar con la resucitación cardiopulmonar; no asumas que la persona está muerta sólo porque está muy fría.

Sólo en caso de que sea *imposible* transportar a la víctima al hospital (tormentas de nieve u otros desastres) el paciente deberá ser sumergido en agua caliente a una temperatura constante de 40°C. Las extremidades deben quedar fuera del agua de tal manera que se caliente primero la parte central del cuerpo, esto evitará que las extremidades se vaso dilaten causando hipertensión central y desencadenando fibrilación ventricular.

CAPÍTULO 9

Lesiones por calor

LAS LESIONES por calor pueden ocurrir cuando una persona se expone a temperaturas ambientales muy altas o cuando, por razones endógenas, su organismo genera más calor que el que puede perder. Las principales lesiones por calor pueden ser: calambres, agotamiento por calor y choque de calor.

CALAMBRES

Los calambres por calor se presentan cuando una persona hace ejercicio a una temperatura ambiental alta sin recibir una hidratación suficiente con líquidos y electrolitos. El principal electrólito que se pierde a través de la sudoración es el sodio.

¿Cuáles son los síntomas?
- Piel pálida y pegajosa.
- Sudoración profusa.
- Dolor en las extremidades o en el abdomen.
- Acalambramiento muscular.
- Músculos tensos y duros al tacto.
- Náusea.
- Espasmos incontrolables en el área afectada.

¿Qué hacer?

✔ Lleva a la víctima a la sombra para que descanse.

✔ Estira o pídele que estire con cuidado el músculo afectado.

✔ Aplícale compresas heladas.

✔ Dale de beber agua fría o alguna bebida a base de electrólitos.

✔ Asegúrate de que no esté sufriendo agotamiento por calor.

¿Qué NO hacer?

✘ No des masaje en el área afectada.

✘ Evita que la persona se siga ejercitando.

Agotamiento por calor

El agotamiento por calor también se conoce como insolación y se origina por causas muy semejantes a los calambres. Sin embargo, en este caso la pérdida de líquidos y electrólitos es excesiva y deja de ser un mero desbalance para convertirse en un tipo de hipovolemia.

Esta condición también puede presentarse por convulsiones, o por mecanismos que inhiben la pérdida de calor. Las causas más raras son la hipertermia maligna o el síndrome de serotonina, que se presenta comúnmente por consumo de drogas de diseñador como la MDMA o éxtasis.

Tienen riesgo de sufrir agotamiento por calor los ancianos o las personas que tienden a estar deshidratadas, quienes han sufrido quemaduras o alteraciones en la piel, quienes tienen fiebre y se exponen a altas temperaturas ambientales y quienes vacacionan en zonas muy cálidas.

¿Cuáles son los síntomas?

• Temperatura corporal no mayor a 39° C.

• Debilidad.

• Fatiga.

• Sudoración profusa.

• Piel ceniza, fría y pegajosa.

• Náusea.

• Vómito.

• Dolor de cabeza.

¿Qué hacer?

✔ Lleva a la víctima a un ambiente frío.

✔ Recuesta a la persona y levántale ligeramente las piernas.

✔ Aflójale o quítale la ropa.

✔ Dale de beber agua fría o alguna bebida a base de electrólitos.

✔ Aplica hielo en su cuello, ingle y axilas.

✔ Moja su piel con un atomizador de agua.

✔ Si puedes, colócale cerca un ventilador encendido.

✔ Si la persona muestra confusión, si la temperatura corporal aumenta por encima de 39° C, se desmaya o sufre de convulciones deberás activar el servicio de urgencias.

¿Qué NO hacer?

✘ No intentes darle líquidos a un paciente que está semiconsciente o inconsciente, cuando recobre la conciencia podrás darle de beber poco a poco.

CHOQUE DE CALOR

El choque de calor también se conoce como golpe de calor y se presenta por una pérdida brusca de la capacidad del cuerpo para disipar el calor, haciendo que la temperatura corporal suba por encima de los 40° C. Esta condición se produce por exposición a climas muy cálidos, al contrario que la fiebre, que se genera dentro del organismo debido a la presencia de pirógenos.

Quienes más expuestos están a esta lesión son los ancianos que permanecen por largos periodos en cuartos cerrados y sin ventilación durante los meses de verano, y las personas que practican deportes en lugares cálidos y muy húmedos. Cuando la humedad ambiental rebasa 75 por ciento, el cuerpo humano ya no puede perder calor a través de la sudoración.

El golpe de calor es una verdadera emergencia, pues si la persona no es tratada inmediatamente, su temperatura corporal puede subir por encima de los 41 ó 42° C, causándole la muerte.

¿Cuáles son los síntomas?

- Piel seca, colorada y caliente.
- Puede haber sudoración o no haberla, depende dónde se encuentre la víctima.
- Pulso rápido y débil.
- Confusión extrema.
- Puede haber convulsiones y/o daños neurológicos.
- Pérdida del conocimiento.

SÍNTOMAS DE SHOCK

Si después de lesionarse la víctima tiene:

- Palidez extrema.
- Piel fría, pegajosa y sudorosa.
- Ojos como apagados.
- Pulso débil y rápido.
- Respiración agitada.
- Debilidad muscular generalizada.
- Vómito.
- Sed excesiva.
- Deterioro de las facultades mentales.

Ve inmediatamente a "SHOCK" (página 201).

¿Qué hacer?

- ✔ Coloca a la persona bajo la sombra.
- ✔ Activa el servicio de urgencias.
- ✔ Valora el ABC: Examina la entrada y salida de aire, la ventilación y la circulación. Si el paciente no respira ni se mueve, inicia RCP inmediatamente (página 78).
- ✔ Bájale la temperatura usando cualquier medio disponible.
- ✔ Desnúdalo y colócale en un cuarto fresco.
- ✔ Colócale una sábana empapada en agua fría.
- ✔ Si puedes, acomódalo cerca de un ventilador encendido.
- ✔ Si los síntomas empeoran lleva a la persona al hospital.

¿Qué NO hacer?

- ✘ No subestimar la gravedad de una lesión por calor, sobre todo si se trata de un niño, un anciano o una persona con otras lesiones.
- ✘ No le des medicamentos para la fiebre, esto empeora la situación.
- ✘ No le des bebidas alcohólicas o cafeína.
- ✘ No le des nada de beber si se encuentra inconsciente.
- ✘ No frotes la piel con alcohol.

CAPÍTULO 10

Picaduras y mordeduras

LAS PICADURAS y mordeduras de animales son muy comunes y su gravedad depende de la especie que lo haga. Entre las mordeduras más comunes se encuentran las de las arañas y las de animales domésticos, y entre las picaduras más comunes se encuentran las de los insectos voladores y los alacranes.

PICADURAS

La gravedad de una picadura dependerá no sólo de la especie del animal sino también de las reacciones propias de cada persona ante el veneno. Cualquier picadura, sin importar de qué animal se trate, puede ser peligrosa, incluso mortal, si la persona tiene una reacción alérgica exagerada.

Así, las picaduras pueden dividirse en aquellas que despiertan una reacción local (leves) o las que tienen manifestaciones sistémicas, es decir, cuando todos los órganos reaccionan al veneno.

¿Cuáles son los síntomas?
Cuando la reacción es local:
• Dolor localizado.
• Enrojecimiento.
• Hinchazón.
• Comezón.

- Ardor.
- Entumecimiento del miembro afectado.

Cuando la reacción es exagerada:
- Dificultad para respirar.
- Hinchazón en cara y manos.
- Sensación de que se le cierra la garganta.
- Coloración azul de piel y mucosas.
- Calambres abdominales y/o musculares.
- Imposibilidad de tragar.

SÍNTOMAS DE SHOCK

Si después de lesionarse la víctima tiene:

- Palidez extrema.
- Piel fría, pegajosa y sudorosa.
- Ojos como apagados.
- Pulso débil y rápido.
- Respiración agitada.
- Debilidad muscular generalizada.
- Vómito.
- Sed excesiva.
- Deterioro de las facultades mentales.

Ve inmediatamente a "SHOCK" (página 201).

¿Qué hacer?

Si la reacción es local:
- ✔ Remueve el aguijón si aún esta presente. Raspa el aguijón utilizando el lado sin filo de un cuchillo o un objeto plano.
- ✔ Lava copiosamente la herida con agua y jabón.
- ✔ Aplica compresas heladas o hielo en bolsa sobre la picadura durante diez minutos.
- ✔ Si el malestar continúa, vuelve a aplicar hielo.
- ✔ De ser necesario suministra un antihistamínico o aplica un ungüento para disminuir la comezón.
- ✔ En los siguientes días, verifica que no haya signos de infección (aumento del enrojecimiento, hinchazón o dolor).

Si la reacción es sistémica:
- ✔ Trata de tranquilizar a la víctima.
- ✔ Valora el ABC: Examina la entrada y salida de aire, la respiración y la circulación. Si la víctima no respira inicia RCP inmediatamente (página 78).
- ✔ Si la víctima respira bien, remueve el aguijón.
- ✔ Quítale anillos, relojes o ropa que pueda obstruirle la circulación.
- ✔ Dale un antihistamínico, las personas con alergias severas generalmente lo llevan consigo.

✔ Mantén a la víctima inmóvil.

✔ Si la picadura fue de alacrán o de algún otro animal muy venenoso deberás administrar el antídoto lo antes posible. Si no lo tienes a la mano y te vas a tardar en llegar al hospital inyéctale dexametasona. Si puedes, captura al animal para que al llegar al hospital sea más fácil suministrar el antídoto.

✔ Llama a la ambulancia o lleva a la víctima al hospital.

✔ Continúa valorando el ABC y comprueba que no presente los síntomas que se describen en el recuadro de shock.

¿Qué NO hacer?

✘ No uses pinzas para sacar el aguijón por que al apachurrarlo puede liberarse más veneno.

✘ No le des a la persona estimulantes, aspirinas o cualquier otro medicamento sin prescripción medica.

✘ No permitas que la persona se mueva.

✘ No coloques un torniquete.

✘ No dejes a la víctima desatendida.

MORDIDAS DE PERROS Y OTROS ANIMALES

Los perros son el animal que con más frecuencia muerde a los seres humanos. Cualquier mordida de un animal con dientes lo suficientemente grandes como para cortar la piel —perros, gatos, ratas, cocodrilos, caballos, etcétera— deberá tratarse de la misma manera.

¿Cuáles son los síntomas?

Dependerán de la especie del animal y de la gravedad y profundidad de la mordida:

• Dientes marcados en la piel.
• Enrojecimiento.
• Dolor.
• Hemorragia.
• Lesiones cutáneas.
• Desprendimiento de músculos o huesos (en heridas graves).

¿Qué hacer?

Si la herida es muy leve:

✔ Lava copiosamente el área afectada con agua y jabón.

✔ Mantén la herida descubierta.

Si la herida es grave:

✔ Separa a la víctima del animal sin jalarla, pues de hacerlo, la piel de la víctima se desagarrará.

✔ Valora el ABC: Examina la entrada y salida de aire, la respiración y la circulación. Si la víctima no respira inicia RCP inmediatamente (página 78).

✔ Lava la herida copiosamente con agua y jabón.

✔ Activa el servicio de emergencia de ser necesario.

✔ Detén las hemorragias (página 93).

✔ Cura las fracturas, si las hay (página 109).

✔ Continúa valorando el ABC.

Consideraciones especiales: Investiga si el animal que mordió tenía rabia. Si no sabes qué mordió a la víctima o si no puedes saber si el animal tenía rabia (como en el caso de perros y gatos callejeros) la víctima deberá ser vacunada contra la rabia.

MORDEDURAS DE ARAÑA Y VÍBORA

Existen alrededor de 20 000 especies de arañas y todas son venenosas. No obstante, como la mayoría de los arañas tienen "dientes" muy frágiles (las arañas no pican, muerden), no consiguen atravesar con ellos la piel. Aún en los casos en que consiguen atravesarla, la cantidad de veneno que suministran es muy poca o su potencia es leve, por lo que generalmente la mordida de una araña no constituye una urgencia médica y el tratamiento es exactamente el mismo que el de picaduras.

Existen sin embargo algunas especies de arañas cuyo veneno es tan potente que puede terminar con la vida de una persona en poco tiempo; entre estas especies se encuentran: la viuda negra (tiene el cuerpo negro y brillante en forma de globo, tiene una mancha en forma de reloj de arena roja o anaranjada en el abdomen) y la reclusa parda.

144

En cuanto a las serpientes, también existen especies venenosas y no venenosas. Algunas de las serpientes venenosas son la coralillo o coral macho, cascabel o chil-chil, la matabuey o cascabel muda, mocasín o castellana, entre otras.

La mordedura de serpientes y arañas venenosas es de gran peligro y puede provocar estado de shock, por lo tanto, debe tenerse mucha precaución.

¿Cuáles son los síntomas?

- Los síntomas dependerán de la especie de araña o víbora y de la reacción del individuo y el tratamiento es el mismo que el de picaduras.

¿Qué hacer?

✔ El tratamiento es el mismo que el de picaduras (página 141).

CAPÍTULO 11

Heridas de bala y arma blanca

Los DISPAROS con arma de fuego, las puñaladas con navajas o cuchillos, o cualquier herida penetrante provocada accidental o premeditadamente causan lesiones de distinta magnitud dependiendo del lugar donde se localicen.

Cuando se trate de una herida de bala debes buscar el orificio de entrada y de salida, proporcionando los primeros auxilios en ambas partes. Y cuando se trate de una lesión provocada por un objeto punzocortante, debes evitar retirarlo.

Cuando las heridas de arma de fuego o arma blanca se localizan en el tórax, el aire de los pulmones puede escapar, ya sea al exterior del cuerpo por el orificio de la herida, hacia los músculos, hacia la cavidad abdominal o por debajo de la piel, por lo que deberá evitarse la salida de aire usando un tapón.

Sin importar dónde se localice la herida, los procedimientos y los síntomas son muy semejantes:

¿Cuáles son los síntomas?
- Sangrado.
- Dolor.
- Fuga de aire por la lesión.
- Dolor y dificultad respiratoria.
- Coloración azulada de la piel.

SÍNTOMAS DE SHOCK

Si después de lesionarse la víctima tiene:

- Palidez extrema.
- Piel fría, pegajosa y sudorosa.
- Ojos como apagados.
- Pulso débil y rápido.
- Respiración agitada.
- Debilidad muscular generalizada.
- Vómito.
- Sed excesiva.
- Deterioro de las facultades mentales.

Ve inmediatamente a "SHOCK" (página 201).

¿Qué hacer?

✔ Si la lesión fue hecha con un objeto punzo-cortante y éste continúa dentro del cuerpo de la víctima, no lo muevas ni lo saques.

✔ Si la lesión es de bala, busca la entrada y salida de ésta. Si la bala está dentro del cuerpo no intentes sacarla.

✔ Controla la hemorragia aplicando presión directa, si ésta no cesa activa el servicio de urgencias.

✔ Valora el ABC: Examina la entrada y salida de aire, la respiración y la circulación. Si la víctima no respira inicia RCP inmediatamente (página 78).

✔ Si la hemorragia es severa, introduce en la herida un trozo de gasa o un tampón, sujétala con una venda y pasa a la sección de hemorragias (página 93).

✔ Una vez controlada la hemorragia, limpia bien la herida con suero fisiológico y gasas estériles. Realiza la limpieza desde el interior de la herida hacia el exterior, tratando de arrastrar fuera cualquier partícula de la tierra o pólvora. Si la herida es profunda, se podrá realizar la limpieza y la desinfección introduciendo el suero "a chorro" en su interior.

✔ Cubre la herida con una gasa estéril empapada en suero fisiológico y sujétala con un vendaje elástico.

✔ Lleva a la víctima al hospital.

¿Qué NO hacer?

✘ No extraigas el arma blanca ni la bala del cuerpo de la víctima.

✘ No suministres aspirinas.

Consideraciones especiales: Si el aire está saliendo del pulmón, deberás taponear el orificio por donde sale el aire con un trozo de gasa o un tampón para evitar que el pulmón se colapse y, en caso necesario, puedas dar RCP.

CAPÍTULO 12

Cuerpos extraños en ojos, oídos, nariz, boca, garganta, esófago, vagina o recto

AL HABLAR de cuerpos extraños nos estamos refiriendo a cualquier objeto o partícula, ya sea un vidrio, una semilla, un juguete pequeño, un trozo de algodón, tierra o cualquier otra cosa que pueda entrar en ojos, oídos, nariz, boca, esófago, vagina o recto.

Las personas más propensas a introducirse un cuerpo extraño por alguno de los orificios naturales del cuerpo son los bebés, los niños, los ancianos, las personas con dentadura inestable, con problemas psiquiátricos o con retraso mental.

Cuando un niño se introduce un cuerpo extraño, generalmente lo hace a escondidas y suele no decírselo a sus padres. Lo mismo ocurre con las personas que padecen algún tipo de incapacidad mental. Por lo anterior, es importante familiarizarnos con los síntomas para actuar a tiempo.

OJOS

Es raro que una persona se introduzca un objeto en el ojo voluntariamente. Las partículas que más comúnmente afectan al ojo son la arena, el polvo o la tierra. Es usual que estas partículas entren al ojo por efecto del viento o por un accidente (como puede ser una caída). Sin embargo, el ojo también puede verse afectado por fragmentos de vidrio, partículas de metal o algún objeto punzante que ha sido lanzado con fuerza (como puede ser un lápiz).

¿Cuáles son los síntomas?
- Irritación.
- Dolor.
- Lagrimeo.
- Sangrado (en casos extremos).

¿Qué hacer?
✔ Tranquiliza al niño.
✔ Si se trata de un objeto punzante, un vidrio o partículas de metal, cubre el ojo con una gasa mojada con agua limpia y lleva al niño inmediatamente al hospital.
✔ Si el objeto o partícula que se introdujo en el ojo llevaba velocidad, también deberás acudir al médico.
✔ Si hay muchas partículas (tierra, polvo o arena) alrededor del ojo, antes de lavar el ojo deberás limpiarlas de los párpados con una toalla de baño mojada.
✔ Lava el interior del ojo utilizando agua limpia a temperatura ambiente. Para hacerlo, sostén la cabeza del niño inclinada hacia delante y mantén sus párpados abiertos; deja correr agua sobre sus ojos y cara. (Es preferible usar una botella de agua purificada, de no contar con ella, puedes usar el agua de grifo directamente.)
✔ Si el niño coopera, haz que meta la cara hasta la altura de los ojos en una cubeta con agua limpia. Pídele que cierre y abra los ojos dentro del agua. No permitas que le entre agua ni a la nariz ni a la boca.
✔ Si la partícula está en el ángulo del ojo, trata de sacarla con la punta de un pañuelo limpio y húmedo o un cotonete húmedo. Esto sólo deberás intentarlo si el niño está cooperando y es capaz de permanecer quieto.
✔ Si la partícula está bajo el párpado, pellizca el párpado por fuera y jálalo con cuidado. Una vez visualizado el objeto sácalo con un cotonete húmedo. De nuevo: Esto sólo podrás hacerlo si el niño está cooperando.

¿Qué NO hacer?

✗ No intentes extraer objetos punzantes ni vidrios. (Deja el objeto tal y como está y lleva al niño al hospital.)

✗ No frotes el ojo ni permitas que tu hijo se lo frote.

✗ No uses ninguna otra sustancia que no sea agua.

✗ No soples al interior del ojo.

OÍDOS

Los objetos que más frecuentemente se introducen en el oído son frijoles, botones, partes de juguetes y algodones. En raros casos, también insectos pequeños pueden introducirse en el oído.

¿Cuáles son los síntomas?

- Descarga purulenta.
- Sangrado.
- Dolor.
- Disminución de la audición.
- Pérdida del equilibrio al caminar (en ocasiones).
- Zumbido o la sensación de que algo se mueve (cuando se trata de un insecto).

¿Qué hacer?

✔ Tranquiliza al niño y pregúntale qué se metió.

✔ Si se metió un frijol u otra semilla, tendrás que llevarlo al médico (pues el método que explicaremos a continuación requiere agua y ésta hace que las semillas aumenten de tamaño dificultando su extracción).

✔ Si se trata de un insecto, lleva al niño a un cuarto oscuro e ilumina el oído con una linterna para que el insecto salga. Si no consigue salir, deberás matar al insecto antes de sacarlo. Para hacerlo, vierte unas cuantas gotas de alcohol, aceite vegetal o vino en el oído del niño. Cuando el insecto esté muerto, procede de la siguiente manera:

✔ Coloca al niño con la cabeza inclinada hacia el lado afectado, estira el pabellón auricular hacia atrás y sostenlo así. Ahora introduce agua destilada en el oído utilizando para ello una jeringa sin aguja.

✔ Repite este procedimiento hasta que salga el objeto.

✔ Si después de varios intentos no consigues extraer el objeto, acude al médico.

¿Qué NO hacer?

✘ No jales hacia atrás el pabellón auricular si la cabeza del niño no está volteada a favor de la gravedad.

✘ No introduzcas ningún objeto en el oído (ni dedos, ni pinzas, ni cotonetes). Esto hace que el objeto vaya hacia el oído medio y puede dañar la membrana timpánica.

✘ No permitas que tu hijo se meta los dedos en la oreja o se la palmee.

Nariz

Los cuerpos extraños más comúnmente introducidos en la nariz son cuentas para ensartar, frijoles, papeles, monedas, píldoras, balines y canicas. Si el paciente no tiene dificultad para respirar (es decir, si tiene la vía aérea permeable), su vida no corre peligro.

¿Cuáles son los síntomas?

• Malestar.

• Sangrado.

• Dificultad para respirar.

• Dolor en la frente.

• "Resfriados" de repetición.

• Sensación o ganas de estornudar.

• Datos de infección (moco verde, mal olor en las fosas nasales o aliento fétido).

¿Qué hacer?

✔ Si el niño no puede respirar ni por la boca ni por la nariz, ve el apartado de asfixia (página 183).

✔ Una vez que hayas verificado que el niño es capaz de respirar, deberás tranquilízalo y preguntarle qué se metió en la nariz.

✔ Si el niño se metió un frijol o algún otro tipo de semilla y han pasado más de 20 minutos, lo más probable es que por la humedad nasal haya aumentado de tamaño, dificultando su extracción. En este caso deberás acudir inmediatamente al médico. Si no se extraen a tiempo, las semillas en nariz pueden incluso germinar, causando graves complicaciones.

✔ Haz que el niño saque aire por la nariz varias veces mientras con uno de tus dedos le cierras el orifico nasal que no está obstruido.

✔ Si el niño es pequeño y aún no se sabe sonar, dale respiración de boca a boca pero únicamente bloquea el orificio nasal que no está afectado. De esta forma la presión del aire que tiende a salir impulsará el objeto hacia fuera.

✔ Acude al médico si a pesar de haber realizado estas maniobras el objeto no es expulsado; si tienes a la mano una solución con base en fenilefrina (Afrín®), aplícala en los orificios nasales.

✔ Vigila cuidadosamente a tu hijo para que no empuje el objeto más adentro.

✔ Recuerda que si el paciente no tiene dificultad para respirar, su vida no corre peligro.

¿Qué NO hacer?

✘ No trates de sacar el objeto introduciendo alguna otra cosa en la nariz, como pueden ser pinzas o dedos. Esto casi siempre empuja más el objeto y dificulta mucho el trabajo del médico.

✘ No permitas que tu hijo se meta el dedo en la nariz.

BOCA

Los bebés y los niños tienden a llevarse todo a la boca. Los objetos que con más frecuencia les causan problemas son monedas, pilas de botón, juguetes y alimentos no masticados. Siempre es importante sacar los objetos que los niños se meten en la boca, pues de no hacerlo, éstos pueden pasar a la garganta y de ahí al esófago o a la tráquea provocando graves complicaciones. Cuando un cuerpo extraño se aloja en la tráquea puede causar la muerte.

¿Cuáles son los síntomas?

• Sensación de no poder respirar.

• Enrojecimiento de la cara.

- Ansiedad moderada.
- Puede no presentar síntomas.

¿Qué hacer?
✔ Pídele al niño que abra la boca (si es un bebé, ábresela tú).
✔ Localiza visualmente el objeto.
✔ Revisa también el paladar, pues cuando los objetos o alimentos se pegan al paladar, es muy fácil creer que han sido tragados y que el niño está en peligro.
✔ Cuando hayas visto el objeto, coloca tus dedos índice y pulgar en posición de gancho y recorre la boca del niño realizando un barrido. Es decir, arrastrando el objeto hasta el exterior con el dedo índice. Puedes ver este procedimiento en la página 73.

¿Qué NO hacer?
✘ Si no puedes ver el objeto, no introduzcas tus dedos en la boca del niño, pues puedes causar más daño. (Es probable que el objeto haya pasado al esófago o a la tráquea).
✘ No trates de extraer el objeto prensándolo con las yemas de los dedos, ya que accidentalmente puedes empujarlo hacia la garganta. (Usa la técnica del barrido.)

GARGANTA

Si un niño se llevó un objeto a la boca y no puedes verlo, existe la probabilidad de que haya pasado a la garganta, Un objeto en la garganta puede ir por dos vías, la respiratoria y la digestiva. Si el objeto está en la vía respiratoria el niño no podrá respirar y su vida corre peligro. Si éste es el caso, pasa al capítulo de asfixia (página 183).

ESÓFAGO

Si no puedes ver el objeto dentro de la boca, pero tu hijo está respirando bien, lo más probable es que se lo haya tragado. Si tu hijo ya habla, pregúntale si se lo tragó.

La mayoría de los cuerpos extraños pasan por el sistema digestivo sin hacer daño. No obstante, los objetos punzo-cortantes y cualquier tipo de pilas o baterías (de botón, AAA, CR2, etcétera) deben ser extraídas por el médico.

¿Cuáles son los síntomas?
- Sensación dolorosa en el pecho, el niño siente que tiene algo atorado.
- Dificultad o imposibilidad para tragar.
- Ansiedad moderada.
- Sangrado, en el caso que sea un objeto punzo-cortante.

¿Qué hacer?
- ✔ Si no puede respirar, pasa inmediatamente al capítulo de asfixia (página 183).
- ✔ Si la vía aérea no está comprometida, haz que el paciente trague aceite de oliva o un trozo de plátano. Esto hará que el objeto se dirija hacia el estómago.
- ✔ Si el objeto digerido fue una pila o batería, es de suma importancia llevarlo al hospital para que le sea extraída. Las pilas contienen agentes corrosivos que pueden perforar el esófago.
- ✔ Aunque parezca que tu hijo tragó el objeto y no presenta ningún problema, siempre es necesario acudir al medico. Incluso los objetos muy pequeños pueden obstruir el tracto gastrointestinal.

¿Qué NO hacer?
- ✘ No palmees ni golpees la espalda del niño.
- ✘ Si el objeto no está visible, no trates de sacarlo con los dedos. Si lo haces, sólo conseguirás empujar el objeto más profundamente en el esófago o lastimar a tu hijo.

Recto o vagina

Si tu hija se ha metido algún objeto en el recto o la vagina, lo más probable es que no te lo diga, ya que sentirá vergüenza o culpa.

Aunque es raro que niños y niñas se introduzcan objetos en el ano o vagina, cuando esto sucede y los niños son pequeños generalmente se debe a que estaban jugando al "doctor". Las lesiones en ano y vagina también pueden ser causadas por abuso sexual.

Es común que las adolescentes se introduzcan un tampón en la vagina y luego no puedan sacarlo. Muchas veces, las adolescentes no hablan de esto porque en su casa les tienen prohibido usar tampones (o porque el objeto no es un tampón y sienten demasiada vergüenza). Para evitar una situación así, lo mejor es establecer una buena comunicación con tu hija; como sé que esto no siempre es posible, te recomiendo que a partir de los 12 años la lleves a visitar al ginecólogo. No es necesario que la revise vaginalmente, bastará con que la mida, la pese y la valore. Si tu hija ha visitado al ginecólogo contigo, le resultará más fácil llamarlo por teléfono y visitarlo en un caso de emergencia (aunque no te lo diga).

¿Cuáles son los síntomas?
Si el cuerpo extraño está en el recto:
- Dolor.
- Sangrado.
- Distensión abdominal.

Si el cuerpo extraño está en la vagina:
- Flujo purulento.
- Sangrado.
- Dolor.
- Inflamación pélvica.

¿Qué hacer?
- ✔ Si el objeto está visible sácalo con la mano, salvo que se trate de una botella con la apertura hacia adentro, pues puede crear vacío y causar un daño mayor.
- ✔ Luego de retirar el objeto, lleva al niño al médico pues existe riesgo de infección.
- ✔ Acude al médico si no puedes ver el objeto o si no consigues extraerlo. La mejor forma de transportar al paciente en estos casos, es recostado de lado.

¿Qué NO hacer?

✗ No trates de sacar el objeto si no puedes verlo.

✗ Si se trata de un objeto punzo-cortante, no intentes retirarlo.

✗ No avergüences al niño ni pierdas el tiempo preguntándole que estaba haciendo o por qué lo estaba haciendo.

✗ No realices la extracción del objeto en un lugar público o frente a otras personas.

CAPÍTULO 13

Accidentes automovilísticos

UN ACCIDENTE es un suceso fortuito que altera el orden regular de las cosas y que involuntariamente provoca daño en personas o bienes.

En un accidente en vehículo motorizado (lanchas, motocicletas, trineos, motos de agua o automóviles) se presentan varios tipos de impacto: frontal, posterior, lateral, rotacional y por volcadura. Además, en cualquier accidente motorizado se produce una triple colisión: la del vehículo, la del ocupante del vehículo y la de los órganos del ocupante del vehículo.

Por la forma de vida que llevamos, los accidentes automovilísticos son muy frecuentes y constituyen la principal causa de muerte entre los adolescentes y los adultos jóvenes. Aunque en este capítulo nos enfocaremos en accidentes automovilísticos, las lesiones y procedimientos que a continuación encontrarás también aplican para otros vehículos motorizados, así como cualquier accidente que involucre la velocidad (como los juegos mecánicos o caídas de caballo).

En cualquier caso, las lesiones dependerán de la magnitud del accidente. En un accidente leve, éstas pueden ir desde un ligero golpe en la cabeza hasta una fractura; estas lesiones no están contempladas aquí y deberás buscarlas en los demás apartados del libro.

En este capítulo me limitaré a explicar qué hacer para ayudar a las víctimas de accidentes vehiculares graves, ya sea por colisión, volcadura o atropellamiento.

Para socorrer adecuadamente a una víctima en estos tipos de accidente, es importante tomar en cuenta varios factores: ¿de qué parte provino el golpe?, ¿a qué velocidad iban?, ¿usaban cinturón de seguridad?, ¿contra qué se golpearon las víctimas?, entre otras cosas. Es fundamental determinar y recordar qué tipo de impacto fue. Pues una vez en el hospital, este dato será de gran utilidad para los médicos, ya que en la mayoría de los casos el tipo de impacto determina el tipo de lesión que tendrá la víctima.

¿Cuáles son los síntomas?
Dependerán del tipo de accidente y pueden incluir:

- Dolor.
- Magullamiento.
- Hemorragias (internas o externas).
- Piel morada alrededor del ombligo.
- Quemaduras.
- Fracturas.

SÍNTOMAS DE SHOCK

Si después de lesionarse la víctima tiene:

- Palidez extrema.
- Piel fría, pegajosa y sudorosa.
- Ojos como apagados.
- Pulso débil y rápido.
- Respiración agitada.
- Debilidad muscular generalizada.
- Vómito.
- Sed excesiva.
- Deterioro de las facultades mentales.

Ve inmediatamente a "SHOCK" (página 201).

¿Qué hacer?
✔ Valora la situación.

✔ Asegúrate de que no corres ningún peligro.

✔ Evalúa el número de vehículos involucrados, qué fuerzas actuaron sobre éstos y qué grado y tipo de daños sufrieron.

✔ Comprueba cuántas víctimas hay.

✔ Valora si estás capacitado para ayudar. Si no puedes ayudar, limítate a solicitar una ambulancia. Cuando hables al servicio de urgencias, proporciona la localización exacta del lugar del accidente (dando puntos de referencia), el número de automóviles involucrados, los riesgos potenciales, el número de víctimas y la gravedad de éstas.

✔ Si hay varias personas que pueden ayudar, reparte las tareas.

✔ Asiste primero a la víctima que tenga lesiones que pongan en peligro su vida.

✔ Sin mover a la víctima, valora sus signos vitales y su estado de conciencia.

✔ Si está consciente, no refiere dolor específico y te es posible sacarla del vehículo sin lastimarla, hazlo. Si tienes duda de que al liberarla pueda sufrir algún daño, no la muevas.

✔ Si la víctima está consciente pero está prensada, no la movilices a menos de que, de quedarse ahí, pueda tener otro accidente.

✔ Si la víctima está inconsciente, pero sus signos vitales son estables, no la muevas.

✔ Si la víctima no respira o no tiene pulso, inicia RCP inmediatamente (página 78).

✔ Si está prensada o por alguna otra razón no puedes moverla, inicia las maniobras de RCP como puedas.

✔ Después valora si tiene otras lesiones.

✔ Para las hemorragias, si las hay (página 93).

✔ Posteriormente inmoviliza las fracturas (página 109).

✔ Si la víctima está consciente, tranquilízala mientras esperan a que llegue la ayuda.

¿Qué NO hacer?

✗ No trates de mover a la víctima si está prensada o tiene síntomas de machacamiento.

✗ No muevas a la víctima si está inconsciente pero sus signos vitales son estables.

✗ No te tomes atribuciones que no tienes. Es decir, si no eres paramédico no intentes hacer más de lo que se menciona en los puntos anteriores. El tratamiento específico para lesiones por machacamiento, prensión o estallamiento de víscera hueca requiere conocimientos médicos avanzados.

✗ No les informes a los familiares cuál es el estado de la víctima ni hagas predicciones (si sólo cuentas con un entrenamiento básico en primeros auxilios no estarás capacitado para dar ningún tipo de diagnóstico).

✗ No permitas que niños pequeños sanos presencien la escena, sobre todo si se trata de sus familiares.

✗ No permanezcas en la escena si estás demasiado nervioso o si no puedes controlar tus emociones (sólo conseguirás alarmar a los demás).

✗ No permanezcas en la escena sólo por curiosidad. Si no puedes ayudar, aléjate.

CAPÍTULO 14

Amputación

La AMPUTACIÓN es cuando se pierde una parte del cuerpo, puede ser un dedo de la mano o del pie, un brazo o una pierna. Las amputaciones pueden ser quirúrgicas o traumáticas.

Las amputaciones traumáticas son el resultado de accidentes con herramientas eléctricas o colisiones en vehículos motorizados. Cuando un accidente ocasiona la amputación completa de alguna zona del cuerpo, en algunas ocasiones dicha parte puede reconectarse, sobre todo cuando extremos del área afectada han recibido los cuidados necesarios. En una amputación parcial, queda algo de tejido blando de conexión y, dependiendo de la severidad de la lesión, se puede o no reconectar la parte parcialmente afectada.

Hay distintas complicaciones asociadas con la amputación; entre las más importantes están el shock, las hemorragias y posteriormente las infecciones.

¿Cuáles son los síntomas?

- Desprendimiento de algún área del cuerpo.
- Sangrado, puede ir de leve hasta muy severo.
- Dolor.
- Magullamiento de músculos, vasos, hueso y/o piel.

SÍNTOMAS DE SHOCK

Si después de lesionarse la víctima tiene:

- Palidez extrema.
- Piel fría, pegajosa y sudorosa.
- Ojos como apagados.
- Pulso débil y rápido.
- Respiración agitada.
- Debilidad muscular generalizada.
- Vómito.
- Sed excesiva.
- Deterioro de las facultades mentales.

Ve inmediatamente a "SHOCK" (página 201).

163

¿Qué hacer?

✔ Valora el ABC: Examina la entrada y salida de aire, la respiración y la circulación. Si la víctima no respira inicia RCP inmediatamente (página 78).

✔ Debes tener consideraciones especiales si sospechas de lesión en la columna (página 86).

✔ Calma y dale seguridad a la víctima. En la medida de lo posible, evita que vea su herida.

✔ Controla la hemorragia (página 93).

✔ Ejerce presión directa sobre la herida.

✔ Eleva el área lesionada por encima del corazón.

✔ Ejerce presión sobre la arteria correspondiente según el caso. Si la hemorragia continúa, se debe verificar su origen de nuevo y volver a aplicar presión directa. Si puedes, pídele a alguien que te ayude.

✔ Aplica un torniquete si no has podido controlar la hemorragia.

✔ Si la víctima sufre de una hemorragia potencialmente mortal, un torniquete o venda constrictiva será más fácil de usar que la compresión de los puntos de presión. Recuerda que la hemorragia pone en peligro la vida por lo que deberás estar muy al pendiente del ABC.

✔ Una vez puesto el torniquete no debes retirarlo.

Verifica que la víctima no presente los síntomas que aparecen en el recuadro anterior y toma las siguientes medidas para prevenir el estado de shock:

✔ Coloca a la víctima en posición horizontal.

✔ Levanta las piernas de la víctima a 45 grados en relación al resto de su cuerpo. No coloques a la víctima en esta posición si sospechas que tiene una lesión en cabeza, cuello, espalda o piernas o si la posición le resulta incómoda.

✔ Cubre a la víctima con una manta.

✔ Una vez controlada la hemorragia examina a la víctima para determinar si tiene otros signos de lesión que requieran tratamiento de urgencia. Las fracturas, cortaduras adicionales u otras lesiones se deben tratar adecuadamente.

✔ Permanece con la víctima hasta que reciba asistencia médica.

Consideraciones especiales: Debes conservar cualquier parte del cuerpo que se haya desprendido. Debes lavar dicha parte con agua muy suavemente. Envuelve el miembro amputado en una gasa humedecida en suero fisiológico (si no lo tienes usa agua) y colócalo en una bolsa de plástico sellada; sumerge la bolsa en agua fría para entregarla al personal de emergencia o llevarla al hospital.

¿Qué NO hacer?

✗ No coloques un torniquete, a menos que el sangrado sea potencialmente mortal.

✗ No asumas que la hemorragia cesará sola.

✗ No trates de pegar la parte amputada del cuerpo al lugar del que se desprendió.

✗ No coloques la parte amputada directamente en hielo.

✗ No utilices hielo seco.

✗ No viertas alcohol u otra sustancia en la parte amputada ni en la herida.

CAPÍTULO 15

Intoxicación

La INTOXICACIÓN es lo mismo que envenenamiento, y se define como veneno a toda sustancia que introducida en el organismo en «cantidad suficiente» ocasiona una enfermedad o la muerte. En realidad, todas las sustancias son potencialmente venenosas y el grado de intoxicación dependerá de su composición química y de la dosis. Hay, sin embargo, factores individuales que influyen en la respuesta del organismo frente a un producto químico determinado.

La intoxicación puede presentarse por varias causas y tiene diversos grados de peligrosidad. Por lo general asociamos la intoxicación con las substancias que se ingieren (como drogas, medicinas o alimentos descompuestos) o se inyectan. No obstante, la intoxicación también puede presentarse por vía respiratoria; ésta se conoce como intoxicación por gases, siendo la más frecuente por monóxido de carbono (a consecuencia de un incendio o combustión).

Para prevenir la intoxicación y el envenenamiento, te aconsejo releer el recuadro y los consejos que aparecen en las páginas 43 y 44.

Sobre todo, *recuerda nunca decirles a tus hijos que la medicina es un dulce.* Si cuando tu niño está enfermo le dices: "Tómate esto, es un dulcecito", no tendrá ningún reparo en abrir tus frascos de medicinas y comerse todos los "dulcecitos".

Ante un caso de intoxicación, cualquiera que sea, hay tres reglas esenciales que debes seguir para evitar o disminuir sus riesgos. Éstas son:
1. Lograr disminuir la absorción del tóxico.
2. Intentar neutralizar, interrumpir o volver inocuo al tóxico o veneno.
3. Favorecer la eliminación.

Intoxicación por Gases

Aunque existen una serie de productos químicos y sustancias volátiles que en determinadas circunstancias pueden emitir vapores, consideraremos dentro de este apartado sólo a aquellas intoxicaciones producidas por sustancias que en condiciones normales y a temperatura ambiente se encuentran en estado gaseoso.

La intoxicación por gas, según el mecanismo de acción de la sustancia ingerida se clasifican en:

Irritantes, los que causan daño directo a la vía respiratoria; y no irritantes, los que actúan sin provocar lesiones a nivel local, se absorben hacia la sangre y ejercen su efecto a nivel sistémico, interfiriendo en la respiración celular. Estos últimos gases provocan hipoxia tisular, por lo que también se denominan gases asfixiantes.

Intoxicación por Gases Irritantes

Existen tantas fuentes de gases irritantes que resulta imposible determinarlas a todos. Por ejemplo, ante la explosión de una fábrica, el ciudadano común y corriente no puede saber qué gases se están generando.

Así, en este apartado sólo abarcaré los gases que dañan directamente a la mucosa de las vías respiratorias.

Los gases de este grupo más frecuentemente encontrados son los sulfuros, derivados fluorados y clorados, amoníaco, aldehídos, gases nitrosos, arsenamina y derivados halogenados de metilo; todos ellos producen síntomas semejantes.

¿Cuáles son los síntomas?

- Lagrimeo.
- Ojos rojos.
- Dificultad para tragar.
- Estornudos.
- Tos.
- Edema de la vía aérea.
- Bronco espasmo.
- Dolor torácico.

SÍNTOMAS DE SHOCK

Si después de lesionarse la víctima tiene:

- Palidez extrema.
- Piel fría, pegajosa y sudorosa.
- Ojos como apagados.
- Pulso débil y rápido.
- Respiración agitada.
- Debilidad muscular generalizada.
- Vómito.
- Sed excesiva.
- Deterioro de las facultades mentales.

Ve inmediatamente a "SHOCK" (página 201).

- Insuficiencia respiratoria.
- Convulsiones.
- Pérdida del estado de conciencia.

¿Qué hacer?

✔ Retira a la víctima de la fuente de gas y asegúrate de que te encuentras en un lugar seguro.

✔ Valora el ABC (examina la entrada y salida de aire, ventilación y circulación). Si la víctima no respira, inicia la RCP inmediatamente (página 78).

✔ Lleva a la víctima al hospital inmediatamente.

✔ Si la víctima sufre convulsiones, consulta la página 189.

✔ Pon especial énfasis al rectificar la posición de la cabeza para que el aire pueda entrar y salir de manera adecuada.

✔ De ser posible, suministra oxígeno a la víctima.

✔ Eleva las extremidades de la víctima, esto reducirá el riesgo de padecer hipotensión.

✔ Lava sus ojos y su piel copiosamente.

✔ Aplica un antibiótico cutáneo.

¿Qué NO hacer?

✘ No permitas que la víctima permanezca en un lugar cerrado.

✘ No auxilies a la víctima en un área de peligro.

INTOXICACIÓN POR MONÓXIDO DE CARBONO

Es este un gas que se caracteriza por ser menos denso que el aire, incoloro, inodoro y sin sabor; no tiene características irritantes, pues su mecanismo de acción es asfixiante.

Se origina en la combustión incompleta de materiales que contienen carbono en su composición. Las principales fuentes de monóxido de carbono son el humo que se produce después de un incendio, cualquier tipo de combustión, el gas que emanan los automóviles y sustancias en descomposición.

La intoxicación por gas doméstico se trata igual que este tipo de inoxicación.

¿Cuáles son los síntomas?

Los síntomas aumentan si la intoxicación es mayor.

- Piel morada o de color rojo cereza.
- Dolor de cabeza.
- Visión doble o borrosa.
- Náusea.
- Vómito.
- Alteraciones al caminar.
- Convulsiones.
- Coma.

> **SÍNTOMAS DE SHOCK**
>
> Si después de lesionarse la víctima tiene:
>
> - Palidez extrema.
> - Piel fría, pegajosa y sudorosa.
> - Ojos como apagados.
> - Pulso débil y rápido.
> - Respiración agitada.
> - Debilidad muscular generalizada.
> - Vómito.
> - Sed excesiva.
> - Deterioro de las facultades mentales.
>
> Ve inmediatamente a "SHOCK" (página 201).

¿Qué hacer?

✔ Primero retira a la persona intoxicada de la fuente de exposición y cuida tu seguridad.

✔ Mantén libre su vía aérea para asegurar una correcta ventilación.

✔ Valora el ABC: Examina la entrada y salida de aire, la respiración y la circulación. Si la víctima no respira inicia RCP inmediatamente (página 78).

✔ Llama a la ambulancia.

✔ Si puedes, adminístrale oxígeno a la mayor concentración posible.

✔ Una vez estable, lleva a la persona al hospital.

¿Qué NO hacer?

✘ No inicies los primeros auxilios en el área contaminada.

✘ No permanezcas en la zona sólo por curiosidad.

INTOXICACIÓN POR CIANURO

Desde tiempos inmemoriales se conocen los efectos tóxicos del cianuro y ha sido utilizado con intenciones suicidas, homicidas y en ejecuciones.

El cianuro puede ser ingerido, inhalado o absorbido por la piel y su mecanismo de acción fundamental es igual al del monóxido de carbono es decir, de tipo asfixiante, pues impide la utilización del oxígeno por parte de los tejidos.

¿Cuáles son los síntomas?

Los síntomas aumentan si crece la gravedad de la intoxicación.

- Olor a almendras agrias.
- Cefalea (dolor de cabeza).
- Vértigo.
- Ansiedad.
- Dificultad para respirar.
- Taquicardia.
- Hipertensión.
- Náusea.
- Vómito.
- Disminución del nivel de conciencia.
- Convulsiones.
- Edema agudo de pulmón.
- Arritmia.

> **SÍNTOMAS DE SHOCK**
>
> Si después de lesionarse la víctima tiene:
>
> - Palidez extrema.
> - Piel fría, pegajosa y sudorosa.
> - Ojos como apagados.
> - Pulso débil y rápido.
> - Respiración agitada.
> - Debilidad muscular generalizada.
> - Vómito.
> - Sed excesiva.
> - Deterioro de las facultades mentales.
>
> Ve inmediatamente a "SHOCK" (página 201).

¿Qué hacer?

- ✔ Actúa inmediatamente. El cianuro se absorbe muy rápidamente y los signos de intoxicación también aparecen con rapidez.
- ✔ Mantente en un lugar seguro.
- ✔ Valora el ABC: Examina la entrada y salida de aire, la respiración y la circulación. Si la víctima no respira inicia RCP inmediatamente (página 78).
- ✔ Llama a una ambulancia o lleva a la víctima al hospital.
- ✔ Si puedes, adminístrale oxígeno a concentración elevada.
- ✔ Inicia las medidas de detoxificación para evitar la absorción del cianuro remanente.
- ✔ Intoxicación por vía respiratoria: retirar al enfermo del foco de exposición.
- ✔ Intoxicación por vía cutánea: lava intensamente la piel con agua.
- ✔ Intoxicación por vía digestiva: dale 2 tabletas de carbón activado y llévalo al hospital inmediatamente para hacer un lavado gástrico.

¿Que NO hacer?

- ✗ No auxilies a la víctima en un área de peligro.
- ✗ No le provoques vómito.

En el capítulo de prevención se mencionan varios productos domésticos venenosos que pueden encontrarse en las distintas áreas de la casa. No obstante, los venenos más comunes en el hogar son:

- Medicamentos como Aspirina®, Tylenol®, pastillas para dormir.
- Jabones, detergentes, blanqueadores.
- Desinfectantes y desodorizantes.
- Pegamentos y adhesivos.
- Ácidos y alcaloides.
- Barniz o cera para el piso.
- Raticidas, plaguicidas, insecticidas.
- Pintura.
- Solventes.
- Gasolina, benceno y otras sustancias inflamables.
- Plantas y abonos.

¿Cuáles son los síntomas?
Difieren dependiendo de la sustancia ingerida, pero pueden ser:
- Inestabilidad.
- Náusea.
- Vómito.
- Visión borrosa.
- Diarrea.
- Dolor estomacal.
- Somnolencia o agitación.
- Confusión.
- Coma.

> **SÍNTOMAS DE SHOCK**
>
> Si después de lesionarse la víctima tiene:
>
> - Palidez extrema.
> - Piel fría, pegajosa y sudorosa.
> - Ojos como apagados.
> - Pulso débil y rápido.
> - Respiración agitada.
> - Debilidad muscular generalizada.
> - Vómito.
> - Sed excesiva.
> - Deterioro de las facultades mentales.
>
> Ve inmediatamente a "SHOCK" (página 201).

¿Qué hacer?
- ✔ Si no sabes qué fue lo que ingirió la víctima, siempre asume lo peor.
- ✔ Siempre créele a un niño que te dice que ingirió algo.
- ✔ Dale un vaso de agua fría o leche.
- ✔ Llama a la ambulancia.
- ✔ Valora el ABC: Examina la entrada y salida de aire, la respiración y la circulación. Si la víctima no respira inicia RCP inmediatamente (página 78).

✔ Si la víctima está inconsciente, mantén abierta la vía aérea.

✔ Cuando lo que ingirió es un irritante (ácidos, corrosivos, álcalis) debes darle un vaso de leche y dos tabletas de carbón activado.

✔ Cuando llames al centro de urgencias proporciona la siguiente información:

• Edad, peso y condición del paciente.

• Nombre del producto, componentes y potencia, si se conocen.

• Hora en que fue ingerido.

• Cantidad ingerida.

• Si el medicamento se prescribió para el paciente.

✔ Solamente si el centro de urgencias te lo indica induce el vómito. Éste sólo se induce si lo que ingirió la víctima no es un irritante. Para inducir el vómito dale una cucharada de jarabe de ipecacuana y después un vaso de agua, repetir una vez de ser necesario.

✔ Guardar la sustancia ingerida, ya sea una porción del vómito, las envolturas de las pastillas o el recipiente que la contenía.

¿Qué no hacer?

No induzcas el vómito si la víctima ingirió:

✘ Amonio.

✘ Ácido sulfúrico.

✘ Ácido nítrico o clorhídrico (cloro).

✘ Abrillantador de metales.

✘ Limpiador de estufa.

✘ Benceno.

✘ Acetona.

✘ Sosa cáustica.

✘ Cualquier otra sustancia que pueda ser abrasiva.

✘ No induzcas el vómito a un paciente con coagulopatías, cardiopatías, embarazo avanzado, paciente inconsciente, pacientes con convulsiones, o menores de seis meses.

✘ No induzcas el vómito si no sabes qué ingirió el paciente o sin prescripción médica.

Intoxicación por sobredosis

La intoxicación por sobredosis se presenta con sustancias cuyo uso en pequeñas cantidades no provoca síntomas o éstos son muy leves, pero en grandes cantidades pueden provocar la muerte.

Intoxicación etílica

Al hablar de alcohol, nos estamos refiriendo al etanol que es el principal componente de las bebidas alcohólicas. El alcoholismo es la primera toxicomanía en muchos países del mundo. Por lo general, los niños que se intoxican con alcohol lo hacen accidentalmente al confundirlo con otra bebida, como una gaseosa. No obstante, el alcoholismo es una enfermedad que también pueden sufrir los niños; en este caso la ingesta de alcohol no será accidental y comenzará a hacerse cada vez más frecuente.

¿Cuáles son los síntomas?

Tras beber grandes cantidades de alcohol, éste llega al cerebro y provoca los síntomas de embriaguez, existen varios grados de embriaguez y cada individuo responde de diferente manera a la misma cantidad de alcohol, para fines de este libro sólo trataré aquellos síntomas de embriaguez que pueden poner en peligro la vida.

- Cambios de conducta, desadaptación y/o descontrol emocional.
- Descoordinación, marcha inestable y/o rubor facial.
- Disminución de la capacidad de atención.
- Depresión del sistema nervioso central.
- Pérdida de la conciencia.
- Coma.

> **Síntomas de Shock**
>
> Si después de lesionarse la víctima tiene:
>
> - Palidez extrema.
> - Piel fría, pegajosa y sudorosa.
> - Ojos como apagados.
> - Pulso débil y rápido.
> - Respiración agitada.
> - Debilidad muscular generalizada.
> - Vómito.
> - Sed excesiva.
> - Deterioro de las facultades mentales.
>
> Ve inmediatamente a "SHOCK" (página 201).

¿Qué hacer?

✔ Si un adulto que ha ingerido alcohol en exceso puede levantarse, se debe trasladar a un lugar cómodo donde pueda dormir mientras se pasan los efectos del alcohol.

✔ Es necesario asegurarse de que la persona no se caiga ni se lastime.

✔ Coloca a la persona de lado en caso de vómito y revísala con frecuencia para asegurarte de que su condición no esté empeorando.

✔ Si el paciente esta inconsciente o semiconsciente:

✔ Valora el ABC: Examina la entrada y salida de aire, la respiración y la circulación. Si la víctima no respira inicia RCP inmediatamente (página 78).

✔ Llama al centro de emergencias.

✔ Continúa valorando el ABC y verifica que no se presenten los síntomas que aparecen en el recuadro de shock.

✔ Permanece cerca de la víctima.

¿Qué NO hacer?

✘ No dejes solo al paciente.

✘ No se debe inducir el vómito si el paciente está inconsciente.

✘ No dejes a la víctima boca arriba.

Sobredosis de cocaína

La intoxicación por cocaína es mucho más común en jóvenes y adultos que en niños.

La cocaína es una sustancia que contiene la hoja de coca. En su presentación natural (hojas frescas o infusión a base de hojas secas) funciona como estimulante y se requiere de una dosis alta para provocar intoxicación. No obstante, procesada químicamente se convierte en una droga adictiva muy potente y la posibilidad de intoxicación y muerte por sobredosis se incrementa exponencialmente. (Tras haber sido procesada químicamente esta sustancia se conoce con diversos nombres: coca, polvo, crack.)

La acción farmacológica de la cocaína consiste en la liberación de noradrenalina y dopamina, neurotrasmisores que modulan el sueño, la vigilia, el hambre, la saciedad y los estados de ánimo.

¿Cuáles son los síntomas?

- La persona está eufórica y posteriormente entra en fase depresiva.
- Dolor de cabeza intenso.
- Agitación psicomotora.
- Pupilas dilatadas, sudoración.
- Aumento de la presión arterial, taquicardia y/o arritmia cardiaca.
- Datos de infarto cardiaco.
- Espasmo bronquial o paro respiratorio.
- Convulsiones y/o coma.

> **SÍNTOMAS DE SHOCK**
>
> Si después de lesionarse la víctima tiene:
> - Palidez extrema.
> - Piel fría, pegajosa y sudorosa.
> - Ojos como apagados.
> - Pulso débil y rápido.
> - Respiración agitada.
> - Debilidad muscular generalizada.
> - Vómito.
> - Sed excesiva.
> - Deterioro de las facultades mentales.
>
> Ve inmediatamente a "SHOCK" (página 201).

¿Qué hacer?

- ✔ Ésta es definitivamente una urgencia médica.
- ✔ Llevar a la persona al hospital.
- ✔ En lo que llegas al hospital debes controlar el exceso de temperatura desvistiendo al paciente, usando compresas de agua fría y un ventilador, o administrándole acetaminofen.
- ✔ Si tienes, debes darle diacepam (Valium®)

¿Qué NO hacer?

- ✗ No asumas que la intoxicación pasará por sí sola.
- ✗ No confrontes a la persona.

SOBREDOSIS POR DROGAS SINTÉTICAS

Las drogas sintéticas se producen fácilmente en laboratorios clandestinos con ingredientes relativamente baratos que se pueden conseguir sin receta médica. La base química de estas drogas generalmente es la metanfetamina, un estimulante que afecta el sistema nervioso, pero pueden agregarse muchas otras sustancias dañinas e incluso venenosas.

Algunas de las drogas sintéticas son conocidas coloquialmente como: "speed", "tacha", "chalk"; o en su versión fumada: "hielo" (ice), "cristal", y "vidrio" (glass).

176

¿Cuáles son los síntomas?

Por la manera en que son producidas, la composición química de estas drogas es difícil de establecer, y por lo tanto los síntomas de sobredosis pueden variar enormemente. Algunos de los más comunes son:

- Movimiento ocular rápido.
- Nerviosismo y ansiedad exacerbada.
- Alteraciones en la percepción.
- Aumento de la frecuencia cardiaca y de la presión arterial.
- Temblores incontrolables.
- Aumento excesivo de la temperatura corporal.
- Deshidratación.
- Dificultad para respirar.
- Convulsiones.

¿Que hacer?

✔ Valora el ABC: Examina la entrada y salida de aire, la respiración y la circulación. Si la víctima no respira inicia RCP inmediatamente (página 83).

✔ Lleva a la víctima a un lugar seguro y silencioso.

> ### SÍNTOMAS DE SHOCK
> Si después de lesionarse la víctima tiene:
> - Palidez extrema.
> - Piel fría, pegajosa y sudorosa.
> - Ojos como apagados.
> - Pulso débil y rápido.
> - Respiración agitada.
> - Debilidad muscular generalizada.
> - Vómito.
> - Sed excesiva.
> - Deterioro de las facultades mentales.
>
> Ve inmediatamente a "SHOCK" (página 201).

✔ Revisa la temperatura corporal, si ésta es elevada deberás bajarla inmediatamente (página 139).

✔ Controla la deshidratación (página 193).

✔ Dale de comer algo salado.

✔ En casos de agitación extrema o pánico, se pueden usar medicamentos contra la ansiedad como benzodiazepinas.

✔ Continúa valorando el ABC y verifica que los síntomas que aparecen en el recuadro no se presenten.

✔ Si los síntomas empeoran llama a la ambulancia.

Ésta se presenta cuando se ingieren alimentos en descomposición, contaminados o alimentos a los que somos hipersensibles.

Al ingerir alimentos en mal estado las probabilidades de enfermar dependen del microorganismo presente, la edad del individuo, la cantidad de alimento ingerida y el estado de salud general.

¿Cuáles son los síntomas?
Normalmente los síntomas se manifiestan entre 1 y 6 horas después de haber ingerido el alimento.
* Náusea.
* Vómito.
* Diarrea.
* Dolor abdominal.
* Distensión abdominal.
* Calambres.
* Deshidratación.

¿Qué hacer?
✔ Valora el ABC: Examina la entrada y salida de aire, la respiración y la circulación. Si la víctima no respira inicia RCP inmediatamente (página 78).
✔ Pon a la víctima en reposo.
✔ Dale de beber líquidos en abundancia, pero en forma periódica y en cantidades pequeñas.
✔ Si la intoxicación fue causada por alergia a un alimento, dale un vaso de leche y un antihistamínico.
✔ Si la persona vomita más de una vez o tiene diarrea ve el apartado de deshidratación (página 193).
✔ La intoxicación alimenticia leve se resuelve espontáneamente en un período no mayor a 12 horas.

Deberás acudir al médico:
✔ Si existen signos de deshidratación.
✔ Si se presenta dolor abdominal intenso y constante.
✔ Si la frecuencia de defecación es superior a diez episodios al día.

✔ Si hay diarrea con sangre.

✔ Si hay presencia de fiebre y/o vómito incontrolable.

✔ Si el niño es menor de un año.

¿Qué NO hacer?

✘ No trates de inducir el vómito sin prescripción médica.

✘ No desatiendas los datos de deshidratación.

Intoxicación por plantas

La intoxicación por plantas se produce más frecuentemente por contacto con la piel, sin embargo también existen casos de ingestión de plantas, en cuyo caso deberás hacer lo mismo que en la intoxicación por productos domésticos.

Cuando una planta venenosa está en contacto con la piel se produce lo que conocemos como dermatitis, respuesta inflamatoria de la piel. Generalmente la dermatitis se limita al área de contacto pero la respuesta inflamatoria se podría generalizar causando datos de choque anafiláctico.

Las plantas venenosas más comunes son la hiedra venenosa y el roble o zumaque. Estas plantas contienen un químico denominado urushiol que daña la piel.

¿Cuáles son los síntomas?

En la piel:

• Sarpullido con comezón.

• Enrojecimiento.

• Ampollas.

• Descamación.

• Ardor.

Síntomas de Shock

Si después de lesionarse la víctima tiene:

• Palidez extrema.
• Piel fría, pegajosa y sudorosa.
• Ojos como apagados.
• Pulso débil y rápido.
• Respiración agitada.
• Debilidad muscular generalizada.
• Vómito.
• Sed excesiva.
• Deterioro de las facultades mentales.

Ve inmediatamente a "SHOCK" (página 201).

¿Qué hacer?

✔ Si la intoxicación se debió a ingesta, consulta la sección de "intoxicación por sustancias alimenticias" (página 178).

✔ Si la intoxicación fue por contacto:

✔ Quita la ropa y los zapatos que estuvieron en contacto con la planta.

✔ Lava con agua y con jabón el área afectada.

✔ Aplica alcohol de 96° con un algodón, frota ligeramente.

✔ Enjuaga con agua.

✔ Verifica que no se presenten los síntomas que aparecen en el recuadro.

¿Qué NO hacer?

✘ Evita que la víctima se rasque. El sarpullido puede diseminar la inflamación, provocar una infección y dejar cicatrices.

✘ No dejes a la víctima desatendida.

INTOXICACIÓN POR PLOMO

El plomo se encuentra principalmente en algunas pinturas, vasijas de cerámica, baterías, algunas soldaduras y juguetes. Afortunadamente los controles para la cantidad de plomo permitida son estrictos y cada vez vemos menos intoxicaciones causadas por este metal.

Por lo general la intoxicación por plomo es paulatina y crónica. Es difícil que la intoxicación se presente abruptamente y por lo tanto no representa una urgencia médica. No obstante, esta intoxicación puede causar la muerte, así que si detectas sus síntomas en tus seres queridos, consulta a tu médico y llévalos a hacerse un análisis de sangre.

¿Cuáles son los síntomas?
- Dolor en los músculos y las articulaciones.
- Fatiga y debilidad.
- Falta de coordinación.
- Estreñimiento.
- Vómito y diarrea.
- Dolor abdominal.
- Anomalías en la vista.
- Agitación.
- Temblores, contorsiones y/o convulsiones.
- Coma.

¿Qué hacer?

✔ Valora el ABC: Examina la entrada y salida de aire, la respiración y la circulación. Si la víctima no respira inicia RCP inmediatamente (página 78).

✔ Llama al centro de emergencias.

✔ Si te lo indican indúcele el vómito con jarabe de ipecacuana —15 ml o una cucharada, para los niños, y 30 ml o dos cucharadas, para los adultos.

✔ Luego dale agua —un vaso (120 ml) si es un niño, o dos vasos (240 ml) si es un adulto. Si el vómito no se presenta, repite el procedimiento media hora después.

✔ Llévalo al médico (se le deben hacer valoraciones periódicas).

¿Qué NO hacer?

✘ Pensar que no tiene consecuencias. La intoxicación por plomo es causal de daño neurológico irreversible.

CAPÍTULO 16

Asfixia

La asfixia es la suspensión o dificultad en la respiración. Puede ser causada por un objeto extraño en las vías respiratorias o por una compresión exterior (ahorcamiento), entre otras cosas.

El atragantamiento es más común en niños menores de cinco años, en personas obesas o en ancianos. Algunos de las objetos más comunes con las que las personas se atragantan son botones, monedas, uvas, caramelos, cacahuates, palomitas de maíz, zanahorias crudas, globos de látex o juguetes pequeños.

¿Cuáles son los síntomas?
- Manos en la garganta, que es el signo universal de atragantamiento.
- Sensación de falta de aire o imposibilidad de respirar.
- Coloración azul o morada alrededor de los labios.
- Mucha ansiedad.
- Sudoración.
- No puede toser con fuerza.
- No puede emitir sonidos.

¿Qué hacer?
Si la víctima es un bebé:
1. Golpes en la espalda
   - Coloca al bebé boca abajo sobre tu brazo apoyando tu mano en su mandíbula abierta.

183

- Mantén la cabeza más baja que el tronco usando la palma de la mano.
- Dale cinco palmadas entre los omoplatos.

2. Compresiones en el pecho:
   - Dale la vuelta al bebé y ponlo de espaldas sobre tu otro brazo, sosteniendo su cabeza y cuello.
   - Mantén su cabeza ligeramente más baja que el resto del cuerpo.
   - Coloca dos dedos por encima del esternón del bebé, a nivel del apéndice xifoides, y comprime su pecho cinco veces.
   - Repite los golpes y las compresiones hasta que se despejen las vías respiratorias o el bebé pierda el conocimiento.
   - Si el bebé pierde el conocimiento:

3. Grita pidiendo "Ayuda".
4. Acuesta al bebé de espaldas sobre una superficie dura.
5. Mira si hay algo dentro de la boca:
   - Ábrele la boca, colocando el pulgar en la lengua del bebé y levantando la mandíbula con los dedos.
   - Si el objeto puede verse sácalo usando tu dedo en forma de gancho.
   - Si no ves el objeto coloca la cabeza en posición recta.
6. Abre las vías respiratorias.
   - Inclina la cabeza del bebé hacia atrás levantando su barbilla, (de manera que la nariz quede apuntando hacia arriba).
   - Cúbre la boca y la nariz del bebé con tu boca.
   - Trata de darle dos insuflaciones (de 1 a 1.5 segundos de duración cada una).
   - Observa si el pecho se levanta con las insuflaciones.
   - Quita tu boca de la boca y nariz del bebé después de cada soplido.
7. Si el pecho se levanta pero no hay señales de circulación (respiración, tos o movimiento) empieza con las compresiones
   - Si el pecho no se levanta, vuelve a colocar su cabeza en posición e intenta dar otros dos soplidos más.
   - Si el pecho sigue sin levantarse:
8. Realiza las compresiones cardiacas
   - Pon 2 dedos encima del esternón, presiona hacia abajo (1.5-2 centímetros de profundidad).
9. Dale 5 compresiones (a un ritmo de 100 compresiones por minuto).

- Usando un dedo en forma de gancho, saca el objeto si éste puede verse.
- Trata de darle dos insuflaciones.
- Si el pecho no se levanta, vuelve a colocar la cabeza en posición e intenta dar otros dos soplidos más alternándolo con las compresiones.
- Si el pecho se levanta, es que las vías respiratorias están despejadas.

10. Comienza la resucitación cardiopulmonar (RCP): 5 compresiones por cada soplido, haciendo 20 ciclos por minuto.
11. Después de un minuto de practicar los primeros auxilios, si estás a solas, carga al bebé y llama al servicio de urgencias.
12. Continúa la RCP hasta que llegue ayuda.
13. Comprueba frecuentemente si hay respiración y otras señales de circulación.
14. Si vuelve la respiración:
    - Suspende la RCP.
    - Observa la respiración hasta que llegue ayuda.
    - Si no hay lesión, acomoda al bebé de lado.
    - No le tuerzas el cuello, la cabeza o el cuerpo al voltearlo.

Aun si la respiración y la circulación vuelven, debes llevar al bebé en ambulancia a la sala de urgencias más cercana.

Niño 1-8 años
1. Compresiones abdominales (maniobra de Heimlich).
    - Colócate de pie o de rodillas detrás del niño y abrázalo por debajo de sus brazos.
    - Cierra el puño y ponlo entre la apéndice xifoides y el ombligo "boca del estómago". Pon tu otra mano sobre el puño.
    - Presiona el abdomen con un movimiento rápido hacia dentro y hacia arriba hasta que el objeto salga, o hasta que el niño pierda el conocimiento.

Si el niño pierde el conocimiento:
1. Acuesta al niño boca arriba.
2. Activa el servicio de urgencias.

3. Mira si hay algo dentro de la boca.
   - Ábrele la boca colocando el pulgar en la lengua y levantando la mandíbula con los dedos.
   - Si ves el objeto sácalo usando el dedo en forma de gancho.
   - No intentes sacarlo si no logras meter tu dedo por detrás.
4. Ábrele las vías respiratorias inclinando la cabeza hacia atrás y levantando la barbilla.
5. Cúbrele la boca con la tuya y tápale la nariz, sujetándola entre los dedos.
6. Trata de dar 2 soplidos lentos (de 1.5 a 2 segundos de duración cada uno).
   - Observa si el pecho se levanta con los soplidos.
   - Quita tu boca de la boca del niño después de cada soplido.
   - Si el pecho se levanta pero no hay señales de circulación sanguínea (respiración, tos o movimiento) inicia las compresiones. Si el pecho no se levanta, vuelve colocar su cabeza en posición e intenta dar otros 2 soplidos más. Si el pecho sigue sin levantarse:
7. Dale compresiones en el pecho.
   - Pon la palma de la mano entre los pezones y encima del esternón.
   - Pon la otra mano sobre la primera, entrelazando los dedos.
   - Presiona el esternón hacia abajo entre un tercio y la mitad del grosor del pecho (de $1^1/_2$ a 2 pulgadas).
   - Dale 15 compresiones (a un ritmo de 100 compresiones por minuto).
8. Mira dentro de la boca.
   - Usando el dedo en forma de gancho, saca el objeto si éste puede verse.
   - Trata de darle dos soplidos. Si el pecho no se levanta, vuelve a colocar la cabeza en posición e intenta dar otros dos soplidos más.
9. Repite las instrucciones del # 8 hasta que el pecho se levante con los soplidos. Si el pecho se levanta, es que las vías respiratorias están despejadas.
10. Comienza la resucitación cardiopulmonar (RCP): 15 compresiones por cada dos soplidos;
11. Comprueba frecuentemente si hay respiración y otras señales de circulación.

Asfixia adulto (de 8 años en adelante)

Sigue las siguientes instrucciones en orden, hasta que el objeto salga de la boca o la víctima pierda el conocimiento:

1. Compresiones abdominales (maniobra de Heimlich).
   - Colócate de pie o de rodillas detrás de la persona y abrázala por debajo de sus brazos.
   - Cierra el puño y ponlo entre la apéndice xifoides y el ombligo "boca del estómago". Pon tu otra mano sobre el puño.
   - Presiona el abdomen con un movimiento rápido hacia dentro y hacia arriba hasta que el objeto salga, o hasta que la persona pierda el conocimiento.

Si la persona pierde el conocimiento:

1. Acuesta a la persona boca arriba.
2. Activa el servicio de urgencias.
3. Mira si hay algo dentro de la boca.
   - Ábrele la boca colocando el pulgar en la lengua y levantando su mandíbula con tus dedos.
   - Si ves el objeto sácalo usando tu dedo en forma de gancho.
   - No intentes sacarlo si no logras meter tu dedo por detrás del objeto.
4. Ábrele las vías respiratorias.
   - Inclina su cabeza hacia atrás y levanta su barbilla.
5. Cúbrele la boca con la tuya y tápale la nariz, sujetándola entre los dedos.
6. Trata de dar dos soplidos lentos (de 1.5 a 2 segundos de duración cada uno).
   - Observa si el pecho se levanta con los soplidos.
   - Quita tu boca de la boca de la persona después de cada soplido.
   - Si el pecho se levanta pero no hay señales de circulación sanguínea (respiración, tos o movimiento) inicia las compresiones. Si el pecho no se levanta, vuelve colocar la cabeza en posición e intenta dar otros dos soplidos más. Si el pecho sigue sin levantarse:
7. Dale compresiones en el pecho.
   - Pon la palma de la mano entre los pezones y encima del esternón.
   - Pon tu otra mano sobre la primera, entrelazando los dedos.

- Presiona el esternón hacia abajo entre un tercio y la mitad del grosor del pecho (4 a 5 centímetros).
- Dale 15 compresiones (a un ritmo de cien compresiones por minuto).

8. Mira dentro de la boca.
   - Usando el dedo en forma de gancho, saca el objeto si éste puede verse.
   - Trata de darle dos soplidos. Si el pecho no se levanta, vuelve a colocar la cabeza en posición e intenta dar otros dos soplidos más.

9. Repite las instrucciones del # 8 hasta que el pecho se levante con los soplidos. Si el pecho se levanta, es que las vías respiratorias están despejadas.

10. Comienza la resucitación cardiopulmonar (RCP): 15 compresiones por cada 2 soplidos;

11. Comprueba frecuentemente si hay respiración y otras señales de circulación.

12. Si vuelve la respiración:

13. Suspende la RCP.

14. Observa la respiración hasta que llegue la ayuda médica.

15. Si no hay lesión, coloca a la persona de lado.

16. No le tuerzas el cuello, la cabeza o el cuerpo al voltearla.

17. Aun si la respiración y la circulación vuelven, debes llevar a la persona en ambulancia a la sala de urgencias.[7]

¿Qué NO hacer?

✗ No palmees ni golpees a la víctima en la espalda, ya que esto hará que el objeto descienda más por la tráquea y se dificulte su extracción.

---

[7] Por su claridad expositiva, tomé la descripción de las maniobras de este capítulo de: Medline Plus. Choking. En Línea. Octubre 20, 2003. Disponible http://www.nlm.nih.gov /medlineplus/spanish/choking.htlm

CAPÍTULO 17

Convulsiones

Las convulsiones son la manifestación de descargas de energía eléctrica anormal en el cerebro. Se manifiestan como pérdida transitoria del estado de conciencia —usualmente de aparición violenta—, acompañada de rigidez muscular y seguida por movimientos anormales (atetósicos). Dependiendo del área afectada se pueden manifestar en una parte del cuerpo o ser generalizadas.

Son muchas las causas que desencadenan una convulsión, algunas de ellas son:

- Epilepsia.
- Abuso de drogas.
- Supresión de alcohol en alcohólicos.
- Convulsiones por fiebre.
- Traumatismo craneo-encefálico.
- Meningitis, entre otras.

Las causas de las convulsiones sólo pueden valorarse conociendo los antecedentes, ya que una vez instalada la crisis convulsiva los síntomas son los mismos sin importará la causa.

Las convulsiones en sí rara vez dejan secuelas. Sin embargo, una persona en plena crisis convulsiva puede, desde golpearse en la cabeza o morderse la lengua, hasta caer en paro respiratorio. Si bien nosotros no podemos parar la convulsión, sí debemos minimizar sus daños colaterales.

¿Cuáles son los síntomas?

- Puede haber pródromos, avisos de que la persona se va a convulsionar; en cada persona son diferentes, entre los más comunes están las náuseas y el zumbido de oídos.
- Ataque violento de inconsciencia.
- Rigidez muscular.
- Decoloración azulada de la cara.
- Movimientos rápidos anormales de una o más extremidades.
- Salivación excesiva.
- Pérdida del control de esfínteres: se orinan o defecan.
- Pueden vomitar.
- Cese de los movimientos.

Después de la convulsión:
- Sensación de ligereza en la cabeza.
- Mareo.
- Desorientación.
- Cansancio excesivo.

¿Qué hacer?

- ✔ Deja que la convulsión siga su curso.
- ✔ Trata de que la persona no se golpee la cabeza, tanto al caer como estando en el suelo. Aleja muebles u objetos con los que se pueda lesionar. Si puedes coloca una almohada o algo suave por debajo de su cabeza.
- ✔ Rápidamente afloja toda la ropa de la víctima, especialmente alrededor del cuello.
- ✔ Pon entre los dientes del enfermo una tela o pañuelo doblado para evitar que se muerda la lengua. No uses nada rígido. Vigila que no se cause ningún daño.
- ✔ Si la persona vomita, voltea su cabeza con el fin que el vómito salga y no se vaya a los pulmones.
- ✔ Si la persona sufre convulsiones debido al aumento en la temperatura (fiebre), deberás poner compresas de agua fría en su cabeza y una vez terminada la convulsión adminístrale acetaminofen o ibupofreno.
- ✔ Coloca a la víctima de lado para que se recupere.

✔ Permanece al lado de la víctima hasta que recupere por completo el estado de conciencia.

✔ Asegúrate que esté respirando y tenga pulso.

✔ Si la víctima se duerme después de la convulsión, deberás dejarla descansar.

✔ Si la víctima sabe que tiene una enfermedad de base, deberá tomar su medicina.

✔ Si la víctima es diabética deberás darle glucosa. Si está consciente puede tomar una bebida endulzada, si está inconsciente colócale granitos de azúcar bajo la lengua.

¿Qué NO hacer?

✘ No trates de detener la convulsión.

✘ No muevas a la víctima durante la convulsión a menos que corra peligro.

✘ No introduzcas tus dedos en la boca de la persona.

✘ No intentes dar RCP mientras sufre las convulsiones.

✘ No metas a la persona en agua fría.

✘ No administres nada a la víctima por vía oral hasta que las convulsiones hayan cesado y se encuentre completamente despierta y alerta.

Cuándo llamar al médico:

✔ Si la persona convulsiona varias veces.

✔ Si la persona no despierta después de las convulsiones.

✔ Si las convulsiones duran más de tres minutos.

✔ Si es un niño quien padece las convulsiones y no tiene fiebre.

✔ Si sufre convulsiones por envenenamiento.

✔ Si la persona tiene diabetes, hipertensión o está embarazada.

Consideraciones especiales: Las convulsiones febriles se producen cuando hay un aumento en la temperatura, generalmente por encima de 38.5° C. Este tipo de convulsión es más frecuente en niños entre seis meses y tres años, pero pueden presentarse hasta los seis años. No duran más de 5 minutos. En estos casos es necesario bajar la fiebre y de esa forma cesarán las convulsiones. Aunque rara vez estas convulsiones dejan secuelas, recomiendo que el niño sea valorado por el pediatra.

CAPÍTULO 18

Deshidratación

La DESHIDRATACIÓN, como su nombre lo indica, es la perdida de agua. El cuerpo humano tiene aproximadamente 70 por ciento de agua, el resto son proteínas, minerales o grasa; gracias a esta cantidad de agua el cuerpo lleva a cabo sus funciones.

Cuando una persona reduce este porcentaje considerablemente, sus órganos y tejidos dejan de llevar a cabos sus funciones básicas.

Una persona puede sufrir deshidratación por las siguientes causas:

Pérdida de agua: Diarrea, vómito, sudoración excesiva y alteraciones renales.

Disminución en la ingesta de agua: Náusea, escasez, anorexia o dolor.

Alteraciones en los mecanismos de regulación: Es decir, las alteraciones a nivel del sistema central por fiebre o abuso de drogas.

Quienes más riesgo de deshidratación corren son los niños, los ancianos y las personas que tienen enfermedades como la diabetes.

La deshidratación se clasifica en leve, cuándo la pérdida de agua va de 3 por ciento a 5 por ciento, moderada de 6 por ciento a 9 por ciento, y severa de 10 por ciento o más, dependiendo del porcentaje de peso perdido.

Ante una deshidratación moderada o severa el tratamiento debe de ser inmediato, pues se trata de una situación potencialmente mortal. La deshidratación severa no tratada puede producir convulsiones, daño cerebral permanente o muerte.

¿Cuáles son los síntomas?

- Ojos hundidos, en el lactante fontanelas hundidas.
- Mucosas secas.
- Llanto sin lágrimas.
- Piel pegajosa o reseca.
- Disminución o ausencia de producción de orina.
- Irritabilidad.
- Letargia.
- Sed excesiva.
- Aumento en la frecuencia cardiaca.
- Coma.

> **SÍNTOMAS DE SHOCK**
>
> Si después de lesionarse la víctima tiene:
> - Palidez extrema.
> - Piel fría, pegajosa y sudorosa.
> - Ojos como apagados.
> - Pulso débil y rápido.
> - Respiración agitada.
> - Debilidad muscular generalizada.
> - Vómito.
> - Sed excesiva.
> - Deterioro de las facultades mentales.
>
> Ve inmediatamente a "SHOCK" (página 201).

En los bebés y niños la principal causa de deshidratación es la diarrea por gastroenteritis (infección del tracto gastrointestinal), en cuyo caso presentarán los siguientes síntomas: Vómito, diarrea, fiebre, irritabilidad y pérdida del apetito.

¿Qué hacer?

✔ Si estás ante cualquier deshidratación llama al médico. La deshidratación leve puede progresar rápidamente a una moderada y/o severa.

✔ Inicia la hidratación con suero a cucharaditas.

✔ Si la persona tiene vértigo o mareo, aumento en la frecuencia cardiaca o parece estar confundida debes llevarla al hospital.

✔ Debes de estar pendiente de los datos que aparecen en el recuadro de shock.

Cuándo debes acudir al médico:

✔ Si es un bebé menor de 2 meses.

✔ Si es un niño y tiene más de 12 horas con vómito; en los adultos, 24 horas.

✔ Si la diarrea ha durado más de 1 día en los niños o más de 2 en el adulto.

✔ Si está más irritable o somnoliento.

✔ Si hay sangre en las heces o en el vómito.
✔ Si no puedes disminuir la fiebre.

¿Qué NO hacer?
✘ No tardes en buscar ayuda médica.
✘ No uses bebidas para deportistas para hidratar a un niño con diarrea ya que estos productos pueden empeorarla.

Suero oral: Para prevenir y tratar la deshidratación por diarrea, la Organización Mundial de la Salud recomienda una fórmula para hidratación oral con base en agua, electrólitos y glucosa. En México se llama "Vida Suero Oral".

Si no cuentas con esta formulación podrás usar otros sueros pediátricos o, en su defecto, hacer un suero casero: un litro de agua hervida y fría agrégale una cucharada de sal, una pizca de bicarbonato y dos cucharadas de azúcar.

CAPÍTULO 19

Ataque cardiaco

EN MEDICINA, el ataque al corazón se conoce con el nombre de *infarto agudo al miocardio* y forma parte de las enfermedades coronarias, mismas que son la primera causa de muerte en la población mundial.

El infarto agudo al miocardio se presenta cuando disminuye la oxigenación al músculo del corazón resultando en el cese de la contracción cardiaca. Un ataque al corazón puede pasar inadvertido o manifestarse como un dolor intenso.

Hasta 50 por ciento de las personas que sufren un ataque cardiaco tuvieron síntomas previos; sin embargo, como desafortunadamente la mayoría de las personas no los conocen, no acuden al medico hasta que el infarto ya es inminente.

¿Cuáles son los síntomas?
Antes del infarto:
- Malestar o dolor recurrente en el pecho que aumenta al caminar y disminuye con el reposo.
- En las mujeres es más frecuente que se presente un dolor generalizado en el torso y el abdomen.

Cuando el infarto es inminente:
- Malestar o dolor precordial, puede durar varios minutos, va y viene.
- Malestar en otras partes del cuerpo; irradiación del dolor a brazos, cuello, mandíbula, espalda o estómago.
- Falta de aire, puede ocurrir antes o al mismo tiempo que el dolor precordial.

- Náusea.
- Mareo.
- Sudoración fría.
- Desvanecimiento.

¿Qué hacer?
Si la víctima esta inconsciente valora el ABC: Examina la entrada y salida de aire, la respiración y la circulación. Si la víctima no respira inicia RCP inmediatamente (página 78).

Si el paciente está consciente:
✔ Pídele que se siente y se tranquilice.
✔ Pídele que tosa.
✔ Afloja la ropa especialmente del cuello.
✔ Llama a la ambulancia, cuando hagas la llamada infórmales que el paciente tiene datos de infarto cardiaco. Solicita un desfibrilador.
✔ Si el paciente ha sido medicado para esta condición, ayúdale a tomarse la medicina.
✔ Si es la primera vez que sucede dale a masticar una aspirina.
✔ Si los síntomas no mejoran podrás darle una tableta de nitroglicerina sublingual, colócala debajo de la lengua y deja que se disuelva.
✔ Si no ha llegado la ayuda deberás hacer planes para llegar lo antes posible al hospital.

¿Qué NO hacer?
✘ No dejes a la víctima sola.
✘ No te esperes a que los síntomas desaparezcan.
✘ No te dejes convencer por la víctima de que no es necesario acudir al hospital.
✘ No pienses que la nitroglicerina o la aspirina son suficientes, siempre debes de acudir al hospital.
✘ No des aspirina si sabes que la víctima es alérgica.
✘ No manejes tú mismo al hospital.

CAPÍTULO 20

Embolia cerebral

UNA EMBOLIA es una obstrucción de la circulación sanguínea que se produce generalmente por un coágulo o trombo, existen también embolias de aire o grasa pero ésas no las vamos a describir en este apartado.

Cuando se forma un trombo, éste puede viajar por el sistema circulatorio; cuando llega a las arterias más pequeñas (las del cerebro o del pulmón), ya no consigue pasar y bloquea la irrigación de sangre a esos tejidos.

El cerebro, al quedarse sin oxigenación, puede tener distintas manifestaciones. Es de suma importancia que las sepas reconocer ya que la embolia cerebral es una verdadera urgencia. Entre más rápido sea asistida médicamente la víctima, menores serán los riesgos de un daño neurológico irreversible.

A últimas fechas, a la embolia cerebral se le ha empezado a llamar "ataque cerebral" para enfatizar la importancia de obtener ayuda médica inmediata.

¿Cuáles son los síntomas?
- Sensación súbita de hormigueo o adormecimiento de la cara, brazo o pierna de un lado del cuerpo.
- Pérdida de la visión o alteraciones de ésta en un ojo.
- Alteraciones en el lenguaje: dificultad para hablar o comprender lo que se está diciendo.
- Dolor de cabeza súbito.

- Mareo.
- Pérdida del equilibrio, caída súbita.
- Dificultad para tragar.
- Convulsiones.

¿Qué hacer?

✔ Llama inmediatamente a la ambulancia.

✔ Vigila a la víctima en lo que llega la ayuda.

✔ Valora el ABC: Examina la entrada y salida de aire, la respiración y la circulación. S la víctima no respira inicia RCP inmediatamente (página 78).

✔ Si la persona vomita, debes voltear su cabeza de lado para evitar que bronco aspire.

✔ Si la ayuda no llega deberás llevar a la víctima inmediatamente al hospital.

¿Qué NO hacer?

✘ No dejes pasar cualquiera de los síntomas antes mencionados.

✘ No le des alimentos o bebidas.

Consideraciones especiales: Aunque parezca algo "pasajero" la víctima debe ser valorada por el médico. Si los síntomas no disminuyen al cabo de un par de días, regresa al hospital ya que pueden ser datos de una embolia en evolución.

CAPÍTULO 21

Shock

TAMBIÉN SE CONOCE como estado de choque y es un deterioro del estado circulatorio caracterizado por una disminución de la irrigación en los órganos vitales. Es una condición potencialmente mortal que se presenta cuando el cuerpo no está recibiendo un flujo de sangre suficiente; esto puede causar daño en múltiples órganos.

Requiere tratamiento médico inmediato y puede empeorar muy rápidamente.

Existen cinco tipos de shock dependiendo de las causas que los desencadenen:

SHOCK CARDIOGÉNICO

Se produce como consecuencia del funcionamiento inadecuado del corazón. La circulación apropiada de la sangre depende de la actividad continua y eficiente de éste, pero algunas enfermedades, como el infarto agudo al miocardio y la insuficiencia cardiaca, debilitan el músculo cardiaco y disminuyen su rendimiento.

SHOCK HIPOVOLÉMICO

Obedece a la pérdida de volumen de líquidos corporales. Esta disminución de líquidos corporales puede ser provocada por hemorragias, diarrea o vómito excesivo. Una disminución en el volumen sanguíneo indica que no hay sangre suficiente para llenar el sistema.

SHOCK ANAFILÁCTICO

Se produce cuando una persona tiene contacto con algo a lo que es alérgico en extremo, por ejemplo, el veneno de un alacrán o cualquier otro veneno.

SHOCK NEUROGÉNICO

Lo provoca la pérdida de control del sistema nervioso central cuando la médula espinal es lesionada (accidente automovilístico) o puede ser inducido por fármacos (sobredosis de drogas); las vías nerviosas que conectan al cerebro con los músculos están interrumpidas por lo que los músculos se paralizan temporal o permanentemente, la parálisis incluye a los músculos que se encuentran en las paredes de los vasos sanguíneos.

SHOCK SÉPTICO

Ocurre en caso de infección grave (como la neumonía), cuando las toxinas se incorporan al torrente sanguíneo y producen un efecto tóxico en los vasos, afectando la circulación.

Cuando una persona está en shock su presión sanguínea es muy baja hasta llegar a perderse por completo, dependiendo de la causa específica y el tipo de shock.

¿Cuáles son los síntomas?
Si cualquiera de estos síntomas se presenta después de un lesión grave, deberás actuar inmediatamente:
- Inmovilidad o apatía a pesar de que la víctima está consciente.
- Angustia, sensación de muerte.
- Respiración filiforme, puede ser lenta o rápida pero superficial.
- Pulso rápido pero poco perceptible.

- Piel pálida, húmeda y fría, en casos extremos marmórea.
- Sudoración fría y pegajosa.
- Pupilas dilatadas (midriasis).
- Vómito.
- Llenado capilar lento.
- Somnolencia.
- Disminución en la producción de orina (oliguria)
- Confusión.

¿Qué hacer?

✔ Llama a urgencias y solicita ayuda médica inmediata.
✔ Si estabas dando RCP mientras la persona está cayendo en el estado de shock, no interrumpas las maniobras, de ser posible pídele a alguien que te ayude.
✔ Afloja la ropa, especialmente del cuello y tronco.
✔ Si la persona está consciente y no presenta una lesión en la columna, colócala en posición de shock, acostándola sobre la espalda y elevándole las extremidades inferiores a 45 grados del suelo.
✔ Debes mantener su temperatura corporal cubriéndola con una manta.
✔ Trata de mantener a la víctima consciente: platícale y llama su atención.
✔ No le hables de la gravedad de sus lesiones ni dejes que las vea.
✔ Debes de dar primeros auxilios si presenta hemorragia, fractura u otra enfermedad que esté condicionando el shock.
✔ Si la persona está babeando mucho o vomita debes voltearle la cabeza de lado para que no bronco aspire.

¿Qué NO hacer?

✘ No darle nada de tomar o de comer.
✘ No pensar que se resolverá solo, los síntomas empeoran en cuestión de segundos.
✘ No dejes a la víctima sola.

CAPÍTULO 22

Fiebre

LA FIEBRE TAMBIÉN se conoce como pirexia y se define como un aumento de la temperatura corporal. De acuerdo con la Asociación Médica Americana, se considera que hay fiebre cuando la temperatura corporal es mayor de 37° C en la boca o de 37.6 ° C en el recto.

Generalmente la fiebre es la respuesta del cuerpo ante una infección; aunque es menos común, la fiebre también puede presentarse después de un traumatismo, a consecuencia de un tumor o cuando hay cáncer. La gravedad de un paciente no se refleja necesariamente en el grado de fiebre. Por ejemplo, hay gripas que cursan con fiebre de 39° C, mientras que una persona con neumonía puede tener una fiebre muy baja o no tener fiebre.

Cuando un niño tiene fiebre, normalmente le bajamos la temperatura para que se sienta mejor, si bien esto lo justifica, no es la única razón. Debemos bajar la fiebre porque en los niños una temperatura mayor a 38.5° C puede causar convulsiones y porque a partir de los 39.5° C existe riesgo de daño neurológico.

¿Cuáles son los síntomas?
- Dolor de cabeza.
- Irritabilidad.
- Llanto.
- Malestar general.
- Frío y temblorina.
- Pilo erección.
- Sudoración.

¿Qué hacer?

✔ Tómale la temperatura con un termómetro.

✔ Dale un antipirético (acetaminofen o ibuprofeno) siguiendo las recomendaciones de tu pediatra.

✔ Dale a tu niño muchos líquidos para prevenir la deshidratación y ayudar a que el cuerpo se enfríe.

✔ Ponle compresas frías en la frente o métélo a bañar en agua tibia.

✔ Manténle tranquilo.

✔ Mantén la temperatura de la habitación de 21 a 23° C.

✔ Ponle pijamas de algodón para que esté fresco.

✔ Si tiene frío, cúbrelo con una manta pero destápalo cuando deje de tener frío.

¿Qué NO hacer?

✘ No le des aspirinas a los niños.

✘ No sumerjas al niño en hielo.

✘ No lo bañes con agua fría.

✘ No lo abrigues demasiado.

Deberás llamar al médico:

✔ Si después de cuatro horas de haber administrado al medicamento la fiebre no baja.

✔ Si la temperatura es mayor a 39° C.

✔ Si el niño sufre de convulsiones.

✔ Si notas datos de deshidratación.

✔ Si el llanto o la irritabilidad aumentan.

✔ Si los síntomas empeoran.

CAPÍTULO 23

Desmayo

Un DESMAYO es la pérdida transitoria del estado de conciencia y no debe durar más de tres minutos; es causado por la disminución de irrigación sanguínea al cerebro.

Los desmayos pueden suceder debido a un cambio de postura corporal abrupta, por disminución de glucosa en la sangre, deshidratación, insolación, hiperventilación, intoxicación, etcétera, o como mecanismo de defensa ante situaciones estresantes, traumáticas o emocionalmente difíciles. Generalmente los desmayos son "benignos", no obstante también pueden ser síntoma de una enfermedad seria. Por lo que cualquier persona que presente repetidos desmayos, debe acudir al médico.

¿Cuáles son los síntomas?

Antes del desmayo:
- Mareo.
- Vértigo.
- Náusea.
- Pérdida de la audición, los ruidos parecen provenir de muy lejos.
- Palidez.
- Sensación de hormigueo en manos y pies.

Durante el desmayo:
- Pérdida del tono muscular (desvanecimiento).
- Pérdida del conocimiento.
- Palidez.

- Sudoración.
- Frío.
- En ocasiones puede haber pérdida del control de los esfínteres.

¿Qué hacer?

Si ves que una persona se va a desmayar, trata de sostenerla para que no se golpee.

Si ya se desmayó:

✔ Valora el ABC: Examina la entrada y salida de aire, la respiración y la circulación. Si la víctima no respira inicia RCP inmediatamente (página 78).

✔ Afloja cualquier prenda que le esté apretando el cuello o la cintura.

✔ Mantén a la persona acostada, de preferencia en un lugar ventilado y tranquilo.

✔ Si la víctima ha vomitado, debes recostarla de lado para evitar que bronco aspire.

✔ Si no responde, eleva sus piernas a un ángulo de 45 grados respecto al resto del cuerpo y dale a oler un algodón con alcohol.

✔ Permanece al lado de la víctima y verifica que no haya sufrido alguna lesión al caer.

✔ Si la persona no se recupera después de tres minutos, debes de llamar a la ambulancia y seguir valorando el ABC.

¿Qué NO hacer?

✘ No le eches agua en la cara.

✘ Evita darle de beber cualquier cosa si no está completamente consciente.

✘ No dejes a la víctima desatendida.

✘ Si han pasado más de tres minutos, no asumas que es un simple desmayo.

CAPÍTULO 24

Asma

EL ASMA ES una patología crónica caracterizada por la inflamación de las vías respiratorias a cualquier nivel que ocasiona una obstrucción reversible. La inflamación se da por hiperreactividad frente a diversos estímulos inmunitarios y no inmunitarios.

En una persona asmática, los músculos de las paredes bronquiales se vuelven rígidos y aumenta la producción de moco, esto tiene como consecuencia el estrechamiento de la luz de la vía respiratoria. Dependiendo del grado de constricción, los síntomas podrán ir desde un silbido al respirar, hasta dificultad severa para respirar. En una persona que se sabe asmática, la exacerbación de los síntomas se conoce como crisis o ataque asmático.

Existen varios alérgenos o situaciones que pueden desencadenar una crisis de asma, entre los más frecuentes están el polvo, el humo del cigarro, el polen, los ácaros, el ejercicio, las situaciones emocionalmente estresantes, las infecciones en vías respiratorias, entre otras.

La primera crisis de asma suele ser muy aparatosa y preocupa a los padres, si tu hijo presenta alguno de los siguientes síntomas debes mantener la calma y llevar al niño al médico para que sea examinado.

¿Cuáles son los síntomas?
- Sibilancias (silbidos al respirar).
- Dificultad extrema para respirar.
- Dolor.
- Angustia leve o extrema.

- Sudoración
- Respiración superficial y rápida.
- Coloración azul de las mucosas.

Datos que te pueden hacer sospechar que una persona es asmática:
- Tos frecuente acompañada de espasmos.
- Se despierta en las noches porque no puede respirar, o con tos.
- Sensación de opresión en el pecho.

¿Qué hacer?

✔ Mantén al paciente lo más cómodo y relajado posible. Entre más consiga tranquilizarse, mejor le irá.

✔ Sienta a la persona.

✔ Haz que inhale cuatro veces un broncodilatador. Si la persona tiene el suyo úsalo, de lo contrario usa el del botiquín o, en su defecto, pide uno. Los nombres comerciales son Ventolin®, Proventil®, Atrovent®.

✔ Si los síntomas no disminuyen después de cuatro minutos pídele que inhale otros cuatro disparos del medicamento.

✔ Si la crisis no mejora llama a la ambulancia inmediatamente.

✔ En lo que llega la ayuda adminístrale un corticoesteroide, ya sea inyectado o tomado (cortisona, prednisolona).

✔ Si la persona tiene sus propios medicamentos deberá tomárselos como su doctor le haya indicado.

¿Qué NO hacer?

✘ No pienses que la crisis pasará por sí sola.

✘ No esperes o pierdas tiempo, debes conseguir los medicamentos lo antes posible.

✘ No intentes dar RCP antes de dar los medicamentos.

CAPÍTULO 25

Alergias

LAS ALERGIAS SON una serie de respuestas desencadenadas por una sustancia ajena al cuerpo que puede entrar por vía cutánea, respiratoria, oral o intravenosa. Las alergias pueden tener manifestaciones en ojos, nariz y otros órganos.

Se conoce como anafilaxis a la reacción exagerada del cuerpo ante un agente extraño o alérgeno. La anafilaxis se desencadena de la misma forma que otras alergias: El sistema inmunológico, que sirve como defensa del organismo contra incontables sustancias, reacciona excesivamente ante una sustancia generalmente considerada inofensiva.

Dentro de los alérgenos más comunes tenemos el polvo, el polen, los medicamentos, el veneno de alacrán o de araña, y algunos alimentos, especialmente mariscos.

Cuando hablamos de alergia los síntomas están localizados a una parte del cuerpo mientras que en la anafilaxia la reacción es sistémica por lo que los síntomas se vuelven generalizados, incluyendo la piel, las vías respiratorias superiores e inferiores, el sistema cardiovascular, los ojos, el útero y la vejiga. Esta es una situación que rápidamente puede desencadenar un shock.

¿Cuáles son los síntomas?
- Comezón, lagrimeo o inflamación de los ojos.
- Ronquera, estornudos.
- Secreción nasal.
- Náuseas, vómito y diarrea.

- Dolores de estómago.
- Urticaria.
- Edema (hinchazón) de los tejidos en los labios o en las articulaciones.
- Prurito (picazón de la piel).
- Ansiedad intensa.
- Dolor de cabeza.
- Pérdida del ritmo de la respiración.
- Silbido al respirar.

> **SÍNTOMAS DE SHOCK**
>
> Si después de lesionarse la víctima tiene:
>
> - Palidez extrema.
> - Piel fría, pegajosa y sudorosa.
> - Ojos como apagados.
> - Pulso débil y rápido.
> - Respiración agitada.
> - Debilidad muscular generalizada.
> - Vómito.
> - Sed excesiva.
> - Deterioro de las facultades mentales.
>
> Ve inmediatamente a "SHOCK" (página 201).

Los síntomas más peligrosos son:
- Baja presión arterial.
- Dificultad para respirar.
- Pérdida del conocimiento.

¿Qué hacer?

✔ Valora el ABC: Examina la entrada y salida de aire, la respiración y la circulación. Si la víctima no respira inicia RCP inmediatamente (página 78).

✔ Si la víctima presenta dificultad respiratoria, debilidad extrema o pérdida de la conciencia, llamar de inmediato a urgencias.

✔ Trata de calmar y darle confianza a la víctima ya que el estrés puede aumentar la reacción.

✔ Si a la persona la picó una abeja, deberás sacar el aguijón de la piel raspándolo.

✔ Si la picadura o mordedura fue de otro animal trata de mover lo menos posible la extremidad y aplica el antídoto específico.

✔ Si la persona se sabe alérgico y tiene un medicamento, ayúdale a administrárselo.

✔ Se deben tomar medidas para prevenir el shock: elevar las piernas 30 centímetros y cubrir a la persona con una manta o abrigo.

✔ Si los datos de shock empiezan a aparecer y no llega la ayuda médica deberás inyectarle un antihistamínico, dexametasona y/o epinefrina intramuscular.

✔ Identifica al alérgeno. Si es un animal, de ser posible captúralo.

¿Qué NO hacer?

✗ No se deben usar pinzas para sacar el aguijón porque al apachurrarlo puede liberarse más veneno.

✗ No administrar medicamentos por vía oral cuando la víctima tenga dificultad para respirar.

CAPÍTULO 26

El botiquín de primeros auxilios

RECOMIENDO que tengas con un botiquín de primeros auxilios en tu casa.
Los siguientes elementos son suministros básicos y la mayoría de éstos se pueden conseguir en la farmacia o en el supermercado.

- Vendajes adhesivos (banditas), clasificados por tamaños.
- Gasas estériles y cinta adhesiva.
- Vendaje elástico (ACE) para cubrir lesiones en la muñeca, el tobillo, la rodilla y el codo.
- Vendaje triangular para cubrir lesiones y hacer un cabestrillo para el brazo.
- Férulas de aluminio o plástico.
- Protectores, almohadillas y vendajes para los ojos.
- Termómetro.
- Jeringas, recipientes medidores y cuchara para administrar dosis específicas de medicamentos.
- Compresas de hielo instantáneo.
- Pinzas para eliminar garrapatas y astillas pequeñas.
- Bolas de algodón estéril.
- Aplicadores de algodón estériles.
- Jeringas de succión y goteros.
- Manual de primeros auxilios.
- Linterna.
- Jarabe de ipecacuana.
- Suero "Vida suero oral".
- Una botella de agua.

- Sobres o terrones de azúcar.
- Solución antiséptica, como peróxido de hidrógeno o toallitas antisépticas.
- Ungüento antibiótico (como bacitracina, polisporina o mupirocina).
- Enjuague estéril, como solución para lentes de contacto.
- Suero fisiológico.
- Loción de calamina para picaduras o exposición a la hiedra venenosa.
- Vasoconstrictor nasal (dexometrorfano).
- Crema, ungüento o loción de hidrocortisona.
- Analgésico y antipirético (acetaminofen, paracetamol).
- Aspirina.
- Broncodilatador para inhalar (albuterol).
- Cortisona inyectable (dexametasona o prednisona).
- Antihistamínico.
- Diacepam (sólo se vende con receta médica).
- Si vives con alguien que tenga una enfermedad conocida debes tener medicamentos específicos, por ejemplo insulina para los diabéticos o nitroglicerina para las personas con enfermedades cardiacas.
- Si en tu localidad hay muchos alacranes o serpientes, recomiendo que tengas el antídoto.
- Se debe revisar el botiquín de primeros auxilios regularmente y reemplazar cualquier elemento que ya no sirva o este caduco.[8]

[8] Medline Plus. Botiquín de Primeros Auxilios. En Línea. Enero 28, 2004. Disponible http://www.nlm.nih.gov/medlineplus/spanish/ency/article/001958.htm

Glosario

Abdomen: Cavidad del tronco entre el tórax y la pelvis que limitan las paredes musculares y las vértebras lumbares. Contiene los intestinos, el estómago, el hígado, el páncreas, el bazo, los riñones, la vejiga urinaria y los órganos genitales internos.

Abrir la vía aérea: Es el proceso mediante el cual rectificamos la posición del cuello con el fin de favorecer la entrada y salida de aire (ver vía aérea).

Adrenérgico: Que libera o se estimula por sustancias como la adrenalina.

Adrenalina: Hormona segregada por las glándulas suprarrenales.

Anafiláctico: Relativo a la anafilaxia.

Anafilaxia /Anafilaxis: Es un estado de hipersensibilidad o de reacción exagerada a la nueva introducción de una sustancia extraña, que al ser administrada por primera vez provocó reacción escasa o nula.

Anfetamina: Sustancia química con propiedades que estimulan el sistema nervioso central.

Antídoto: Sustancia que neutraliza los efectos venenosos de otra.

Arteria: Vaso sanguíneo que distribuye la sangre desde el corazón a los diversos órganos o partes del cuerpo.

Auxiliador: Persona que ayuda o socorre a la víctima.

Apéndice xifoides: Es el cartílago de figura algo parecida a la punta de una espada, en que termina el hueso del esternón. Siguiendo la línea de tu última costilla hacia el centro, podrás encontrarlo.

Bloque: (Ver movilización en bloque).

Bronco aspirar: Introducción de sustancia sólida o líquida al árbol bronquial.

Capilar: Cada uno de los vasos sanguíneos de más fino calibre y de paredes más delgadas que, a modo de red, se extienden entre las ramificaciones arteriales más finas y las primeras raicillas venosas.

Cardiogénico: Con origen en el propio corazón.

Cartílago: Tejido sólido, resistente, flexible y elástico en mayor o menor proporción, que constituye ciertas partes del esqueleto. Se localiza principalmente en las superficies articulares, la porción esternal de las costillas, la laringe, la tráquea, la nariz y el pabellón auricular.

Cuerpo extraño: Elemento no orgánico alojado en el organismo y no implantado intencionadamente mediante alguna técnica quirúrgica. Puede ser a consecuencia de un traumatismo (balas, vidrio), de ingestión, etcétera.

Coma: Estado profundo de inconsciencia.

Compresiones cardiacas: Maniobra que se efectúa oprimiendo el centro del tórax y tiene como fin el ayudar a bombear la sangre.

Coronarias: Nombre de las arterias que irrigan sangre y nutrientes al corazón.

Cortisona: Esteroide de la corteza suprarrenal. Puede obtenerse sintéticamente y se emplea terapéuticamente en el tratamiento de la insuficiencia suprarrenal y como antinflamatorio o antialérgico.

Decorticación: Extirpación de la cortical o corteza de un órgano (cerebro, riñón, etcétera).

Descerebración: Daño severo cuyo resultado es la pérdida de las funciones cerebrales.

Desfibrilador: Aparato electrónico para producir contracción débil e involuntaria del músculo por electrochoque.

Deshidratación: Pérdida no compensada de agua, ya sea por insuficiente ingestión o bien por pérdida excesiva (diarrea, sudoración profusa, etcétera).

Diafragma: Músculo membranoso que separa las cavidades torácica y abdominal a modo de un tabique.

Dopamina: (Ver adrenalina).

Edema: Acumulación anormal de líquido en el tejido intercelular (hinchazón).

Edema pulmonar: Acumulación aguda o crónica de líquido en los pulmones.

Electrólitos: Elemento que puede ser descompuesto por electrólisis (corriente galvánica eléctrica).

Endógeno: Que se origina en el interior del organismo.

Enfermedad: Alteración de la salud. Situación caracterizada por desviación marcada del estado normal.

Enzima: Sustancia orgánica que acelera los procesos bioquímicos.

Enzimática: Relativo a las enzimas.

Escápula: Omóplato.

Escoriación/Excoriación: Lesión de la piel que afecta la dermis y la epidermis.

Esfínter: Fibras musculares cuya acción determina la apertura o cierre de una cavidad natural del cuerpo (del ano, la uretra, la vejiga, el pílovo).

Espasmo: Contracción súbita, violenta e involuntaria de un músculo o grupo muscular.

Espasmo pulmonar: Contracción violenta e involuntaria de las vías respiratorias.

Esfingomanómetro: Aparato para medir la presión arterial.

Espiración: Expulsión del aire de los pulmones.

Esternón: Hueso plano, situado en la pared anterior del tórax, con el que se articulan las costillas y la clavícula. En él se distinguen: el manubrio, el cuerpo y el apéndice xifoides.

Estetoscopio: Instrumento que se utiliza para escuchar los ruidos cardiacos, pulmonares o intestinales, gracias a la capacidad que tiene de amplificación de los sonidos. Se emplea para la auscultación.

Hepático: Relativo al hígado.

Hidratar: Combinación de un cuerpo con agua. Proporcionar el agua perdida al organismo.

Hiperextensión: Extensión extrema o excesiva.

Hipertensión: Aumento del tono o tensión.

Hipertensión arterial: Aumento mantenido de las cifras de la presión arterial por encima de sus valores normales.

Hiperactividad: Actividad exagerada que lleva, por lo general, a ir de una tarea a otra sin acabar ninguna. Es típica del síndrome hipercinético de la infancia, de los trastornos maníacos y de algunas formas de esquizofrenia.

Hipovolemia / Hipovolémico: Situación de disminución del volumen sanguíneo habitual, que puede producir circunstancias graves si no se diagnostica y corrige a tiempo. Puede manifestarse, fundamentalmente, por hemorragia o por deshidratación de cualquier tipo. Las principales características clínicas son hipotensión arterial, taquicardia, sudoración fría, palidez, oliguria y deterioro de la conciencia

Hipoxia: Falta de oxígeno en la sangre.

Infarto: Área de necrosis en un tejido por isquemia, es decir, por reducción o suspensión total de la circulación arterial.

Inmune: Protegido de forma natural o artificial contra determinada enfermedad.

Insuflación: Distensión de un órgano por introducción de aire.

Ipecacuana: Hierba perenne de la familia de las rubiáceas. Se utiliza en medicina como emética, tónica, purgante, sudorífera y vomitiva.

Isquemia: Déficit de sangre en un área y por ende de oxígeno.

Lesión: Alteración orgánica o funcional de los tejidos.

Médula espinal: Porción del sistema nervioso central, comprendida desde el agujero occipital hasta la segunda vértebra lumbar.

Midriasis: Dilatación de la pupila.

Movilización en bloque: Maniobra que consiste en sostener la cabeza y el tronco de la víctima en forma lineal, de tal manera que su cabeza conserve el mismo nivel que el resto de su cuerpo.

Narina: Cada uno de los orificios de las fosas nasales que las comunican con el exterior y está rodeada por la aleta y el tabique nasal.

Necrosis: Muerte de las células de un tejido.

Neurológico: Referente al sistema nervioso y sus alteraciones.

Neurotransmisor: Sustancia mediadora. El neurotransmisor es el que permite el paso del impulso nervioso a través de la sinapsis o lugar de comunicación entre las neuronas.

Noradrenalina: Principal neurotransmisor de las neuronas adrenérgicas. Estimula la transmisión del impulso nervioso.

Obstrucción: Bloqueo de un conducto o vaso por acumulación de sustancias.

Omóplato: Hueso plano, delgado y triangular situado en la parte posterior de la espalda donde se articulan el húmero y la clavícula.

Óseo: De la naturaleza o cualidad del hueso.

Padecimiento: Acción de padecer o de sentir física y corporalmente un daño, dolor o enfermedad.

Paro cardiaco: Detención de la contracción cardiaca.

Paro respiratorio: Cese súbito de la respiración.

Pirexia: Fiebre.

Precordial: Area del tórax que se localiza por delante del corazón.

Plaquetas: Elementos de la sangre. Una de sus funciones principales es la coagulación de la sangre que facilita, con las enzimas que contienen, el obstruir los pequeños vasos de las heridas.

Resucitación cardiopulmonar: Maniobras de rescate para salvar a una persona cuyo corazón y respiración se han detenido.

Séptico: Debido a la infección por microorganismos. Infeccioso.

Sibilancia: Ruido pulmonar accesorio producido por el paso del aire a través de los pequeños bronquios. Suena como un pito o silbato.

Sistémico: Que afecta al organismo en su conjunto.

Subluxación: Luxación parcial o incompleta.

Tetilla: Pezón.

Tiroides: Glándula endócrina que se encuentra situada en la región anteroinferior del cuello.

Torácico: Relativo o perteneciente al cuello y al tórax.

Tórax: Parte del organismo situada entre el cuello y el abdomen.

Torniquete: Instrumento para comprimir un vaso sanguíneo o la circulación de un miembro; en general se aplica alrededor de éste a fin de detener la circulación e impedir el flujo de la sangre hacia la región distal o desde la misma.

Tráquea: Tubo cartilaginoso y membranoso; se encuentra entre la laringe y los bronquios.

Trastorno: Anormalidad funcional. Estado patológico físico o psíquico.

Trauma: Lesión física o psíquica por agresión externa.

Traumatismo: Lesión física o psíquica por agresión externa.

Vena: Vaso que transporta la sangre de la periferia del organismo al corazón.

Venosa: Relativo a las venas.

Víctima: Persona que padece daño por culpa ajena o por causa fortuita.

Vía aérea: Conducto respiratorio o vía natural de paso del aire que entra y sale de los pulmones.

Xifoides (ver apéndice xifoides).

Bibliografía

Adams HP, Brott TG, Furlan AJ, et al. *Guidelines for thrombolytic therapy for acute stroke: a supplement to the guidelines for the management of patients with acute ischemic stroke.* A statement for healthcare professionals from a Special Writing Group of the Stroke Council, American Heart Association. Circulation 1996; 94: 1167-74.

Advanced Cardiac Life Support. Cummins, Richard O. ed. Dallas: American Heart Association, 1999.

"Advanced Trauma Life Support Course Manual". American *College of Surgeons*, 1999.

"American Heart Association Guidelines 2000 for Cardiopulmonary Resuscitation & Emergency Cardiac Care". *Circulation* 2000; 102 (suppl 1):I1-I384.

Apoyo vital prehospitalario en trauma. McSwain, Norman, ed. et al. México: Departamento de Enseñanza e Investigación del Hospital Central Militar con permiso de "Emergency Training Institute", 1993.

Ausejo M, Saenz A, Pham B, et al. *The effectiveness of glucocorticoids in treating croup: meta-analysis.* BMJ 1999; 319: 595-600.

Ausejo Segura M, Saenz A, Pham B, et al. "Glucocorticoids for croup (Cochrane Review)." In: *The Cochrane Library*, 2, 2003. Oxford: Update Software *Level A.*

Basic Life Support Manual. American Heart Association, 1999.

Biem J. "Out of the cold: management of hypothermia and frostbite." *CMAJ*, 2003; 168: 305-11.

Bouchama A, Knochel JP. "Heat stroke." *N Engl J Med*, 2002; 346: 1978-88.

Breese Hall C, McBride JT. "Acute laryngotracheobronchitis." In: Mandell GL, Bennett JE, Dolin R, eds. *Mandell, Douglas, and Bennett's principles and practice of infectious diseases*, 5th edn. Philadelphia: Churchill Livingstone, 2000, chapter 24

Bressler K, Shelton C. "Ear foreign-body removal: a review of 98 consecutive cases". *Laryngoscope*, 1993; 103: 367-370.

Brower RG, Ware LB, Berthiaume Y, Matthay MA. "Treatment of ARDS". *Chest* 2001; 120: 1347-67.

Brunner LC, Eshilian-Oates L. "Hip fracture in adults." *Am Fam Physician* 2003;67:537-42.

Brunskill AJ, Satterwaite K. "Foreign bodies". *Ann Emerg Med*, 1994; 24: 757.

Burbulys DB, Bessen HA. "Major burn injury and its emergent management". *Critical Decisions in Emergency Medicine*, 1999; 13: 15.

Cáceres E, Pomata H, "Traumatismo encefalocraeano en la infancia". *Medicina Infantil*. Vol V N2, pag. 102-108, 1998.

Cacy J, Mold JW. *Clinical characteristics of brown recluse spider bites treated by family physicians.* J Fam Pract 1999; 48: 536-42.

Casarett & Doulls. *Toxicology The Basic Science of Poisons.* quinta edición. 1999.

Cassidy ES, Adkins CR, Rayl JH, et al. "Evaluation of warmed intravenous fluids in the prehospital setting". *Air Med J*, 2001; 20: 25-6.

Center for Disease Control. National estimates of nonfatal injuries treated in hospital emergency departments - United States, 2000. MMWR Morb Mortal Wkly Rep 2001;50:340-6

Cervantes, Eduardo *Primeros auxilios: la oportunidaed de salvar una vida*, México: Trillas, 1996.

Clark WR. "Physical and chemical injuries. Electrical burns", *Conn's Current Therapy*, 1994.

"Climatic heat stress and the exercising child and adolescent". *Committee on Sports Medicine and Fitness. American Academy of Pediatrics*, 2000; 106: 158-9.

Cole, Warren H, *Primeros auxilios* México: Interamericana, c1970.

Corneli HM "Hot topics in cold medicine: controversies in accidental hypothermia". *CPEM*, 2001; 2: 179-91.

Cruz MN, Stewart G, Rosenberg N. "Use of dexamethasone in the outpatient management of acute laryngotracheitis." Pediatrics 1995; 96: 220-223. Reviewed in: Clinical Evidence 2001; 6: 268-277 *Level A.*

Danchin N, De Benedetti E, Urban P. Acute myocardial infarction. In: Clinical Evidence 2003;10:37-63. London: BMJ Publishing Group.

Danzl DF. "Accidental hypothermia". In: Rosen PR, Barkin R, eds. *Emergency medicine*. St Louis, MO: Mosby-Year Book, 2001.

Danzl DF, Pozos RS, Auerbach PS, et al. "Multicenter hypothermia survey." *Ann Emerg Med*, 1987; 16: 1042-55.

Danzl DF. "Accidental hypothermia." In: Rosen PR, Barkin R, eds. *Emergency medicine*. St Louis, MO: Mosby-Year Book, 2001.

Dart RC, Gomez HF, Daly FFS. "Reptile bites." In: Tintinalli JE, Kelen GD, Stapczynski JS, eds. *Emergency medicine: a comprehensive study guide*. 5th edn. New York: McGraw Hill, 2000.

Dematte JE, O'Mara K, Buescher J, et al. "Near-fatal heat stroke during the 1995 heat wave in Chicago". *Ann Intern Med*, 1998; 129: 173-81.

Demling RH, Way LW. "Electrical injury". *Current Surgical Diagnosis & Treatment*. Tenth edition. Edited by LW Way. Prentice-Hall international Inc. Appleton & Lange. East Norwalk, 1994.

Diarrhoeal Diseases Control Program: Oral rehydration salts (ORS) formulation containing trisodium citrate. Geneva: World Health Organization, 1984. WHO/ CDD/SER/84.7.

Dixon SR, O'Neill WW. Interventions in acute myocardial infarction. Curr Probl Cardiol 2001;26(10):619-72.

Drudi FM, Spaziani E, "Diagnosis and follow-up of minor cervical trauma." *Clin Imaging*. 2003 Nov-Dec; 27(6):369-76.

Edelman PA. "Quemaduras químicas y eléctricas". *Atención del Paciente Quemado*. Editado por BM Achauer. Editorial El Manual Moderno. México DF, 1988.

Elliott CG, Morris AH, Cangiz M. "Pulmonary function and exercise gas exchange in survivors of adult respiratory distress syndrome". *Am Rev Respir Dis* 1981; 123: 492-5.

El Pequeño Larousse ilustrado. Cardona, María ed. Colombia: Larousse, 1999.

Enciclopedia Temática. Nieto Sacramento ed. Barcelona: Grijalbo, 2001.

Ewan P. *ABC of allergies: venom allergy*. Br Med J 1998; 316: 1365-8

First Seizure Trial Group (FIRST Group). Randomized clinical trial on the efficacy of antiepileptic drugs in reducing the risk of relapse after a first unprovoked tonic clonic seizure. Neurology 1993; 43: 478-83.

Fish R. "Electric shock, Part I. Physics and physiopathology". *J Emerg Med*, 1993 a; 11: 309.

Fish R. "Electric shock, Part II. Nature and mechanisms of injury". *J Emerg Med*, 1993b; 11: 457.

Forni AL, Schluger NW, Roberts RB. *Severe measles pneumonitis in adults: evaluation of clinical characteristics and therapy with intravenous ribavirin.* Clin Infect Dis 1994; 19: 454-62.

Fradin MS, Day JF. *Comparative efficacy of insect repellents against mosquito bites.* N Engl J Med 2002; 347: 13-18.

Frank LM, Enlow T, Holmes GL, et al. "Lamictal (lamotrigine) monotherapy for typical absence seizures in children." *Epilepsia* 1999; 40: 973-9.

Freed HA, Milzman DP, "Age 14 starts a child's increased risk of major knife or gun injury in Washington, DC." *J Natl Med Assoc.* 2004 Feb; 96(2): 169-74.

Gillespie W. "Hip fracture". In: *Clinical Evidence* 2003; 9: 1216-37. London: BMJ Publishing Group.

Gold BS, Barish RA. *Venomous snakebites current concepts in diagnosis, treatment, and management.* Emerg Med Clin North Am 1992; 10: 249-67.

Green, Martin I. *Primeros auxilios para niños.* México, Fernández Editores, 1977.

Greenbaum AB, Ohman EM. *An update on acute myocardial infarction from recent clinical trials.* Curr Opin Cardiol 1997; 12: 418-26.

Gubitz G, Sandercock P. "Stroke management." In: *Clinical Evidence* 2003; 9: 206-20. London: BMJ Publishing Group.

Guyton, Arthur C. y Hall, John E. *Tratado de Fisiología Médica*, México, McGraw-Hill Interamericana Editores, S.A. de C.V., 1997.

Haberal M. "Electrical burns: A five year experience 1985" *Evans Lecture. J Trauma*, 1986; 26: 103.

Hanania NA, Zimmerman JL. "Accidental hypothermia". *Crit Care Clin*, 1999; 15: 235-49.

Hancock E, Cross H. "Treatment of Lennox-Gastaut syndrome (Cochrane Review)". In: *The Cochrane Library*, 3, 2003.

Hennekens CH, Albert CM, Godfried SL, Gaziano JM, et al. *Adjunctive drug therapy of acute myocardial infarction - evidence from clinical trials.* N Engl J Med 1996; 335: 1660-7.

Hudson LD, Steinberg KP. "Epidemiology of acute lung injury and ARDS". *Chest* 1999; 116: 75-82.

Hussey GD. Managing measles. *BMJ* 1997; 314: 316-17.

Jaikin M, "Traumatismo de craneo leve: ¿paciente ambulatorio?" *Revista del Hospital de Niños* Vol. 36, n°160, pag 366-369. 1994.

Kaplan LJ, Daum RS, Smaron M, McCarthy CA. "Severe measles in immunocompromised patients." *JAMA* 1992; 267: 1237-41.

Keel JB, Hauser M, Stocker R, et al. "Established acute respiratory distress syndrome: benefit of corticosteroid rescue therapy". *Respiration* 1998; 65: 258-64.

Khosla R, Guntupalli KK. "Heat-related illnesses". *Crit Care Clin*, 1999; 15: 251-63.

Klassen TP. Croup. *A current perspective.* Pediatr Clin North Am 1999; 46: 1167-78.

Kristjansson S, Berg-Kelly K, Winso E. "Inhalation of racemic adrenaline in the treatment of mild and moderately severe croup. Clinical symptom score and oxygen saturation measurements for evaluation of treatment effects". *Acta Paediatr* 1994; 83: 1156-1160.

Ku CS, Lin SL, Hsu TL, et al. "Myocardial damage associated with electrical injury". *Am Heart J*, 1989; 118: 621.

Leffler S, Cherney P, Tandberg D. "Chemical immobilization and killing of intra-aural roaches". An in-vitro comparative study. *Ann Emerg Med* 1993; 22: 1795-1798.

Levy R, Cooper P. "Ketogenic diet for epilepsy (Cochrane Review)". In: *The Cochrane Library*, 3, 2003.

Madsen KM, Hviid A, Vestergaard M, et al. "A population-based study of measles, mumps, and rubella vaccination and autism." *N Engl J Med* 2002; 347: 1477-82.

Marshall L, "Head Injury: Recent past, present and future." *Neurosurgery*, Vol 47, n°3, 2000.

Marson AG, Williamson PR, Hutton JL, et al. "On behalf of the epilepsy monotherapy trialists. Carbamazepine versus valproate monotherapy for epilepsy" (Cochrane Review). In: *The Cochrane Library*, 3, 2003.

McBeth, Carlton. *Emergency, handbook/directory*. California, 1981.

McCauley J. *The 'Battering Syndrome': prevalence and clinical characteristics of domestic violence in primary care internal medicine practices*. Ann Intern Med 1995; 123: 737-46.

Meier J, White J, eds. Handbook of clinical toxicology in animal venoms and poisons. Boca Raton (FL): CRC Press, 1995

Morgan ED, Bledsoe SC, Barker J. "Ambulatory management of burns". *Am Fam Physician*, 2000; 62: 2015-26.

Mota HF, Tapia CR, Welti C, Franco A, Gómez UJ, Garrido MT. "Manejo de la enfermedad diarreica en el hogar, en algunas regiones de México." *Bol Med Hosp Infant Mex* 1993; 50: 367-75.

Myers, Allen R. *Medicine*. The National Series for Independent Study. Estados Unidos: Williams & Wilkins, 1997.

National Stroke Association Consensus Statement, 2000. *Stroke: the first hours. Guidelines for acute treatment*.

Nicholas JM, Rix EP, "Changing patterns in the management of penetrating abdominal trauma: the more things change, the more they stay the same." *J Trauma*. 2003 Dec;55(6):1095-108

Ortega León, Carlos A. *Soporte básico de vida. Taller de reanimación cardiovascular*. México: Save a Life S.C., 1998.

Osmond M. "Croup: Child health". In: *Clinical Evidence* 2001; 6: 268-277. London: BMJ Publishing Group.

O'Toole K, Paris PM, Stewart RD, Martinez R. "Removing cockroaches from the auditory canal: controlled trial." *N Eng J Med*, 1985; 312:1197.

Pediatrics. Dworkin, Paul H., ed. The National Series for Independent Study. Estados Unidos: Williams & Wilkins, 1996.

Practice advisory: thrombolytic therapy for acute ischemic stroke - summary statement. Report of the Quality Standards Subcommittee of the American Academy of Neurology. Neurology 1996; 47: 835-9.

Practice parameter: Stroke prevention in patients with nonvalvular atrial fibrillation. Report of the Quality Standards Subcommittee of the American Academy of Neurology. Neurology 1998; 51: 671-3.

"Prevention and management of hip fracture in older people" *A national clinical guideline*. Edinburgh, Scotland: Scottish Intercollegiate Guidelines Network (SIGN), 2002.

Reeder G. *Acute myocardial infarction:enhancing the results of reperfusion therapy (Concise Review for Primary-Care Physicians)*. Mayo Clin Pro 1995; 70: 1185-90.

Roberts JR, Otten EJ. "Snakes and other reptiles." In: Goldfrank LR, Flomenbaum NE, Lewin NA, et al, eds. *Goldfrank's toxicologic emergencies*. 6th edn. Stamford (CT): Appleton and Lange, 1998.

Rodríguez Menés, H, A. Rico Aguado, V. del Pino Paredes. "Epidemiología, prevención y tratamiento de las quemaduras eléctricas infantiles". *Cirugía Plástica Ibero-Latinoamericana*, octubre-noviembre-diciembre 1988; 14: 4.

Rogers W. *Contemporary management of acute myocardial infarction*. Am J Med 1995; 99: 195-206.

Ruiz Torres, *Diccionario de términos médicos, inglés-español*. España: Gulf Publishing Company, 1995.

Seidel, Henry M., et al. *Manual Mosby de Exploración Física*. Madrid: Harcout Brace, 1997.

Seis acciones para salvar una vida. Herrera Nava, Miguel y Hernández P. Norma A. ed. México: Cruz Roja Mexicana, Comité Nacional de Capacitación, Centro Nacional de Capacitación y Adiestramiento, 1997.

Sepúlveda J, Willet W, Muñoz A. *Malnutrition and diarrhea. Alongitudinal study among urban mexican children*. Am J Epidemiol 1988; 127: 365-376.

Simon and Schuster's International Dictionary, English/Spanish, Spanish/English. Gamez, Tana de ed. et al. Nueva York: Simon and Schuster.

Skinner DW, Chui P. "The hazard of button-sized batteries as foreign bodies in the nose and ear". *J Laryngol Otol*, 1986; 100: 1315- 1319.

Spady DW, Saunders DL, "Patterns of injury in children: a population-based approach". *Pediatrics*. 2004 Mar; 113(3 Pt 1):522-9.

Stein S, Spettell C, Yopung G, Ross S "Delayed and progressive brain injury in closed head trauma: Radiological demonstration." *Neurosurgery*, Vol 32, n°1, pág. 25-30, 1993.

Steinberg KP, Hudson MD. "Acute lung injury and acute respiratory distress syndrome". *Clin Chest Med* 2000; 21: 401-17.

Sudlow C, Gubitz G, Sandercock P, Lip G. Stroke prevention. In: *Clinical Evidence* 2003; 9: 221-45. London: BMJ Publishing Group.

Sullivan JB Jr, Wingert WA, Norris RL. "North American venomous reptile bites." In: *Auerbach PS*, ed. Wilderness medicine: management of wilderness and environmental emergencies. 3rd edn. St Louis (MO): Mosby, 1995.

The American Geriatric Society the British Geriatric Society and the American Academy of Orthopedic Surgeons: Guideline for the prevention of falls in older persons, *J Am Geriatr Soc*; 49(5):664-72.

The American Medical Association. Encyclopedia of Medicine. Clayman, Charles B. ed. Nueva York: Random House, 1989.

The family Medical Encyclopedia. New York: Mcdonald & Co Ltd, 1987.

Thomas P. *Brown recluse spider bites*. J Am Board Fam Pract 2000; 13: 415-23.

Udobi KF, Childs E, Touijer K. "Acute respiratory distress syndrome". *Am Fam Physician* 2003; 67: 315-22.

Villanueva SM, López CD, "Manejo conservador de las fracturas-luxaciones desplazadas de tobillo: una alternativa a partir de la quinta década de la vida" *Rev Mex Ortop Traum* 1997; 11(2): 76-81.

Villazón Sahgún, Alberto. *Urgencias graves en Medicina*. México: Interamericana McGraw-Hill, 1995.

Walpoth BH, Walpoth-Aslan BN, Mattle HP, et al. "Outcome of survivors of accidental deep hypothermia and circulatory arrest treated with extracorpeal blood warming". *N Engl J Med*, 1997; 337: 1500-5.

Walter FG, Fernandez MC, Haddad LM. "North American venomous snakebite." In: *Haddad LS, Shannon MW, Winchester JF*, eds. Clinical management of poisoning and drug overdose. 3rd edn. Philadelphia (PA): WB Saunders, 1998.

Wexler RK. "Evaluation and treatment of heat-related illness." *Am Fam Physician*, 2002; 66: 2307-14, 2319-20.

World Health Organization. *A manual for the treatment of acute diarrhoea for use by physicians and other senior health workers*. Geneve: Program for Control of Diarrhoeal Diseases, World Health Organization, WHO/CDD/SER/80.2 Rev,2:1990.

World Health Organization. *Division of Diarrhoeal and Acute Respiratory Disease Control*. 25 years of ORS: Joint VMO/ ICDDR,B Consultative Meeting on ORS Formulation. Dhaka, Bangladesh, 10-12 December 1994. CDR/CDD/95.2

SITIOS DE INTERNET

ADAM En Línea. Octubre 2003, Disponible: http://pcs.adam.com

ADAM En Línea. Octubre 2003 Disponible: http://pcs.adam.com/ency/article/000046.htm iento.htm.

---

* Para la redacción de las técnicas y maniobras que aparecen en este libro sólo utilizé aquellas páginas de internet que cumplen con los estándares de la *URAC & ADAM*

American Academy of Allergy Asthma and Inmunology Asthma En Línea. Noviembre 15, 2003 Disponible: http://www.aaaai.org/

American Academy of Child and Adolescente Psiquiatry. En línea. Diciembre 2003 Disponible: http://www.aacap.org/publications/apntsfam/sfff73.htm

American Association for the Surgery of Trauma Disponible en: www.aast.org

American College of Emergency Physicians En línea. Diciembre 2003 Disponible http://www.acep.org

American Trauma Society Disponible en: www.amtrauma.org

Avera Health En Linea. Octubre 2003, Disponible: http://www.avera.org/adam/ency/article/000047.htm

Avera Health En Línea, Noviembre 2003, Disponible en: http://www.avera.org/adam/esp_ency/article/000029trt.htm

Brain Trauma Foundation Disponible en: www.braintrauma.org

Bycicle helmets safety Institute En linea. Noviembre, 2003. Disponible: http://www.bhsi.org/

Car accident attorneys nationwide En Linea. Octubre 2003 Disponible: http://www.car-accident-lawyers-attorneys.com

Centros para el Control y la Prevención de Enfermedades (en inglés, Centers for Disease Control and Prevention o CDC) En línea, Octubre 2003, Disponible: www.cdc.gov/ncipc/tbi

Childrens Hospital of Pittsburgh En Línea. Noviembre 2003. Disponible: http://www.chp.edu/greystone/infectious/roseola_jm.php.

Colegio Mexicano de Asma, Alergia e Inmunología Pediátrica En Linea. Noviembre 15, 2003 Disponible: http://www.comaaipe.org.mx/infopub/anafilax.htm

Diario Medico En línea. Diciembre 2003 Disponible http://www.diariomedico.com/edicion/

Dr. Scope En Línea. Enero 2004 Diaponible: http://www.drscope.com/privados/pac/pediatria/

Guia Infantil En Línea. Septiembre, 2003. Disponible en: http://www.guiainfantil.com/pauxilios/ahogamiento.htm

---

Health Web Site Acreditation y de la *American Acreditation Health Care Commission* organizaciones que aseguran que el contenido médico de los artículos sea fidedigno y que las páginas cumplan con más de 50 estándares de calidad.

I-hospitalet En Línea. Noviembre 2003. Disponible: http://www.canal-h.net/webs/sgonzalez002/Fisiologia/TERMOREG.htm

La Asociación Americana de Trauma Cerebral (en inglés, Brain Injury Association of America o BIAA) Disponible: www.biausa.org

Mayoclinic.com En Línea. Octubre 2003, Disponible: http://www.mayoclinic.com/index.cfm

MedlinePlus En línea. Septiembre, 2003. Disponible: http://www.nlm.nih.gov/medlineplus/injuriesandwounds.html

Protección Civil En Línea. Octubre 2003 Disponible: http://www.tamaulipas.gob.mx/secgral/protcivil/brigadasjuv/ahogam

Shands Health En Línea. Septiembre 2003, Disponible: http://www.shands.org/health/spanish/esp_ency/article/000006.htm

The American Academy of Family Physicians. En línea. Octubre, 2003. Disponible: http://www.aafp.org/family/afp

Uninet En Línea. Noviembre 2003 Disponible en: http://www.uninet.edu/tratado/c110706.html

University of Maryland Medicine En Línea. Enero 2004, Disponible: http://www.umm.edu/childsafety_spanish/first_aid/

U.S. Department of Justice, Drug Enforcement Administration Information Service Section CPI En Linea. Octubre 2003 Disponible: http://www.usdoj.gov/dea/pubs/abuse

Viasalus Pro En Línea Noviembre 2003 Disponible: http://www.viasalus.com/vs/B2P/cn/salvar_vida/

Wilderness Medical Society En Línea. Noviembte 2003 Disponible: www.wms.org

Primeros auxilios para niños se terminó de imprimir en mayo de 2004, en Grupo Balo S.A. de C.V., Salvador Díaz Mirón No. 799, Col. Santa María la Ribera, C.P. 06400, México, D.F.